러시아어
토르플
공식 문제집
기본단계

러시아어 토르플 공식 문제집
기본단계

초판 1쇄 2009년 04월 15일
초판 4쇄 2025년 04월 11일

지은이 Антонова В.Е., Нахабина М.М., Толстых А.А.

펴낸이 김선명
펴낸곳 뿌쉬낀하우스
해설 뿌쉬낀하우스 편집부

주소 서울시 중구 퇴계로20나길 10, 신화빌딩 202호
전화 02) 2237-9387
팩스 02) 2238-9388
홈페이지 www.pushkinhouse.co.kr

출판등록 2004년 3월1일 제2004-0004호

ISBN 978-89-92272-12-4 18790

© ЗАО «Златоуст», 2005-2006
Настоящее издание осуществлено по лицензии, полученной от ЗАО «Зла́тоуст»
© 2009 Pushkin House

이 책의 한국어판 저작권은 «Златоуст» 출판사와 독점 계약한 뿌쉬낀하우스에 있습니다.
저작권법에 의해 한국 내에서 보호를 받는 저작물이므로 무단 전재와 무단 복제를 금합니다.

목 차

토르플 길라잡이 _7

1부 테스트

Субтест 1.   ЛЕКСИКА. ГРАММАТИКА 어휘·문법 영역 _13

Субтест 2.   АУДИРОВАНИЕ 듣기 영역 _22

Субтест 3.   ЧТЕНИЕ 읽기 영역 _25

Субтест 4.   ПИСЬМО 쓰기 영역 _33

Субтест 5.   ГОВОРЕНИЕ 말하기 영역 _34

2부 정답 및 문제해설

정답 _43

Субтест 1.   ЛЕКСИКА. ГРАММАТИКА 어휘·문법 영역 _49

Субтест 2.   АУДИРОВАНИЕ 듣기 영역 _73

Субтест 3.   ЧТЕНИЕ 읽기 영역 _86

Субтест 4.   ПИСЬМО 쓰기 영역 _95

Субтест 5.   ГОВОРЕНИЕ 말하기 영역 _97

첨부 : 답안지 MATPИЦА _109

토르플 길라잡이

1. 토르플 시험이란?

토르플(TORFL)은 'Test of Russian as a Foreign Language'의 약자로 러시아 교육부 산하기관인 '러시아어 토르플 센터'에서 주관하는 외국인 대상 러시아어 능력 시험이다. 기초 단계에서 4단계까지 총 여섯 단계로 나뉘어 있으며 시험 과목은 어휘·문법, 읽기, 듣기, 쓰기, 말하기의 다섯 영역으로 구성되어 있다. 현재 토르플은 러시아내 대학교의 입학 시험, 국내 기업체, 연구소, 언론사 등에서 신입사원 채용 시험 및 직원들의 러시아어 실력 평가를 위한 방법으로 채택되고 있다.

2. 토르플 시험 단계

토르플 시험은 기초단계, 기본단계, 1단계, 2단계, 3단계, 4단계로 나뉘어 있다.

- 기초단계 (элементарный уровень)
  일상 생활에서 필요한 최소한의 러시아어 구사가 가능한 가장 기초적인 단계이다.

- 기본단계 (базовый уровень)
  일상 생활에서 필요한 기본적인 의사 소통이 가능한 단계이다.

- 1단계 (I сертификационный уровень)
  일상 생활에서의 자유로운 의사 소통뿐만 아니라, 사회, 문화, 역사 등의 분야에서 러시아인과 대화가 가능한 공인단계이다. 러시아 대학에 입학하기 위해서는 1단계 인증서가 필요하며, 국내에서는 러시아어문계열 대학졸업시험이나 기업체의 채용 및 사원 평가 기준으로도 채택되고 있다.

- 2단계 (II сертификационный уровень)
  원어민과의 자유로운 대화뿐만 아니라, 문화, 예술, 자연과학, 공학 등 전문 분야에서도 충분히 의사소통이 가능한 공인단계이다. 2단계 인증서는 러시아 대학의 비어문계열 학사 학위 취득을 위한 요건이며 석사 입학을 위한 자격 요건이기도 하다. 1단계와 마찬가지로 국내에서는 러시아어문계열 대학졸업시험이나 기업체의 채용 및 사원 평가 기준으로도 채택되고 있다.

- 3단계 (III сертификационный уровень)
  사회 전 분야에 걸쳐 고급 수준의 의사소통 능력을 지니고 있어 러시아어로 전문적인 활동이 가능한 공인단계이다. 러시아 대학의 비어문계열 석사와 러시아어문학부 학사 학위를 취득하기 위해서 3단계 인증서가 필요하다.

- 4단계 (IV сертификационный уровень)
  원어민에 가까운 러시아어 구사 능력을 지니고 있는 가장 높은 공인단계로, 이 단계의 인증서를 획득하면 러시아어문계열의 모든 교육과 연구 활동이 가능하다. 4단계 인증서는 러시아어문학부 석사, 어문계열 박사, 러시아어 교육학 박사 등의 학위를 취득하기 위한 요건이다.

3. 토르플의 시험영역

토르플 시험은 어휘·문법, 읽기, 듣기, 쓰기, 말하기의 다섯 영역으로 구성되어 있다.

- 어휘·문법 영역 (ЛЕКСИКА, ГРАММАТИКА)
  객관식 필기 시험으로 어휘와 문법을 평가한다. (*사전 이용 불가)
- 읽기 영역 (ЧТЕНИЕ)
  객관식 필기 시험으로 주어진 본문과 문제를 통해 독해 능력을 평가한다. (*사전 이용 가능)
- 듣기 영역 (АУДИРОВАНИЕ)
  객관식 필기 시험으로 들려주는 본문과 문제를 통해 이해 능력을 평가한다. (*사전 이용 불가)
- 쓰기 영역 (ПИСЬМО)
  주관식 필기 시험으로 주제에 알맞은 작문 능력을 평가한다. (*사전 이용 가능)
- 말하기 영역 (ГОВОРЕНИЕ)
  주관식 구술 시험으로 주어진 상황에 적합한 말하기 능력을 평가한다.
  (*사전 이용이 가능한 문제도 있음)

4. 토르플 시험의 영역별 시간

구 분	기초 단계	기본 단계	1단계	2단계	3단계	4단계
어휘·문법 영역	50분	50분	60분	90분	90분	60분
읽기 영역	50분	50분	50분	60분	60분	60분
듣기 영역	30분	30분	35분	35분	35분	45분
쓰기 영역	40분	50분	60분	55분	75분	80분
말하기 영역	25분	40분	60분	45분	45분	50분

5. 토르플 시험의 영역별 만점

구 분	기초 단계	기본 단계	1단계	2단계	3단계	4단계
어휘·문법 영역	100	110	165	150	100	141
읽기 영역	120	180	140	150	150	136
듣기 영역	100	180	120	150	150	150
쓰기 영역	80	80	80	65	100	95
말하기 영역	130	180	170	145	150	165
총 점수	530	730	675	660	650	687

6. 토르플 시험의 합격 점수

구 분	기초 단계	기본 단계	1단계	2단계	3단계	4단계
어휘·문법 영역	75-100점 (75%이상)	82-110점 (75%이상)	109-165점 (66%이상)	99-150점 (66%이상)	66-100점 (66%이상)	93-141점 (66%이상)
읽기 영역	90-120점 (75%이상)	135-180점 (75%이상)	92-140점 (66%이상)	99-150점 (66%이상)	99-150점 (66%이상)	89-136점 (66%이상)
듣기 영역	75-100점 (75%이상)	135-180점 (75%이상)	79-120점 (66%이상)	99-150점 (66%이상)	99-150점 (66%이상)	99-150점 (66%이상)
쓰기 영역	60-80점 (75%이상)	60-80점 (75%이상)	53-80점 (66%이상)	43-65점 (66%이상)	66-100점 (66%이상)	63-95점 (66%이상)
말하기 영역	98-130점 (75%이상)	135-180점 (75%이상)	112-170점 (66%이상)	96-145점 (66%이상)	99-150점 (66%이상)	108-165점 (66%이상)

"본 교재에 수록된 본문의 한국어 해석은 학습 교재임을 감안하여 가급적 직역으로 수록하였습니다."

1부 테스트

Субтест 1. ЛЕКСИКА. ГРАММАТИКА

Инструкция по выполнению субтеста

- Время выполнения субтеста — 50 минут.
- Субтест включает 5 частей (100 заданий).
- При выполнении теста пользоваться словарём нельзя.

- Вы получили тест и матрицу. Напишите Ваше имя и фамилию на каждом листе матрицы.
- В тесте слева даны предложения (1, 2 и т. д.), справа — варианты выбора. Выберите правильный вариант и отметьте соответствующую букву в матрице.

Например:

| А | (Б) | В | Г | (Б — правильный ответ)

Если Вы ошиблись и хотите исправить ошибку, сделайте так:

| А | Б | (В̶) | Г | (В — ошибка, Б — правильный вариант).

ЧАСТЬ I

Задания 1—23. **Выберите правильный вариант.**

Мой друг ... **(1)** мне пойти на экскурсию, чтобы лучше узнать историю нашего города.	(А) сказал (Б) рассказал (В) разговаривал (Г) посоветовал
Я очень устал и ... **(2)** не хочу идти.	(А) куда (Б) никуда (В) никогда (Г) нигде
Не шумите! В комнате спит ... **(3)** ребёнок.	(А) маленький (Б) молодой (В) младший (Г) меньше
Что такое ... **(4)**? Это страна, где ты живёшь, или это место, где ты ... **(5)**?	(А) день рождения (Б) родина (В) родители (Г) родился

А может быть, это твой ... **(6)** дом или дом, где живут твои ... **(7)**?	(А) родной (Б) родственник (В) родители (Г) родина
Молодые люди ... **(8)** слушали выступление известного артиста, потому что он очень ... **(9)** рассказывал о себе.	(А) интересный (Б) интересно (В) с интересом (Г) интерес
У этого человека была ... **(10)** жизнь. Он всегда ... **(11)** путешествиями по разным странам.	(А) интересно (Б) интересная (В) с интересом (Г) интересовался
Преподаватель ... **(12)** своих учеников написать сочинение о родном городе. Один ученик ... **(13)** его, где можно найти интересный материал об этом.	(А) спросил (Б) попросил (В) посоветовал (Г) рассказал
Вчера я ... **(14)** письмо от друга. Он ... **(15)** его неделю назад.	(А) прислал (Б) взял (В) послал (Г) получил
Мой старший брат ... **(16)** давно водит машину. Я ... **(17)** хочу научиться, но у меня нет машины.	(А) ещё (Б) тоже (В) или (Г) уже
Я ... **(18)** играть на скрипке, но сейчас не ... **(19)**, потому что у меня нет скрипки. Да и не люблю я играть на ней. Я люблю гитару, но, к сожалению, я не ... **(20)** играть на гитаре. Я очень хочу научиться. Я хорошо ... **(21)** ноты, поэтому ... **(22)** сыграть на гитаре гамму. А ещё я очень люблю петь. Я ... **(23)**, что у меня хороший голос.	(А) могу (Б) знаю (В) умею (Г) интересуюсь

ЧАСТЬ II

Задания 24—29. Выберите правильный вариант.

Недавно я начал читать роман известного писателя Б. Акунина «Внеклассное чтение». Я уже давно слышал … **(24)** писателе и его книгах. Я мечтаю увидеть … **(25)** писателя и поговорить с ним.	(А) этот (Б) об этом (В) с этим (Г) этого
Но я хочу не только прочитать … **(26)** роман, но и познакомиться … **(27)** человеком.	(А) этого (Б) к этому (В) с этим (Г) этот
Вчера я пришла на вечер в новом платье, и мои друзья обратили … **(28)** внимание. Все молодые люди хотели потанцевать … **(29)**.	(А) у меня (Б) мне (В) со мной (Г) на меня

ЧАСТЬ III

Задания 30—44. Выберите правильный вариант.

Меня зовут Наташа. Я хочу рассказать вам … **(30)**. Его зовут Степан. Мы живём … **(31)** и уже одиннадцать лет учимся в одной школе. В детстве мы оба мечтали стать … **(32)**. Последние годы Степан серьёзно увлекается … **(33)**, хочет поступить на математический факультет … **(34)**. Он уже участвовал … **(35)**. У меня же с математикой проблемы, и поэтому Степан помогает … **(36)**. Через два месяца мы заканчиваем школу, сейчас мы уже готовимся … **(37)**. У нас почти нет … **(38)**, но по субботам Степан старается заниматься … **(39)**, играет … **(40)**. Он часто приглашает меня … **(41)**, но я ничего не понимаю в футболе и не люблю его. Мне больше нравится … **(42)**. Степан не соглашается … **(43)**, он считает, что футбол — самый лучший вид спорта. Летом он мечтает поехать … **(44)** на чемпионат мира по футболу.

30. (А) о своём друге
    (Б) для своего друга
    (В) к своему другу
    (Г) у своего друга

31. (А) из одного дома
    (Б) к одному дому
    (В) в один дом
    (Г) в одном доме

32. (А) врачи
    (Б) врачами
    (В) врачам
    (Г) врачей

33. (А) математика
    (Б) математику
    (В) математикой
    (Г) математике

34. (А) Московским университетом
    (Б) Московскому университету
    (В) Московский университет
    (Г) Московского университета

35. (А) на математическую олимпиаду
    (Б) с математической олимпиадой
    (В) в математической олимпиаде
    (Г) к математической олимпиаде

36. (А) я
    (Б) мне
    (В) меня
    (Г) мной

37. (А) к последним экзаменам
    (Б) на последние экзамены
    (В) для последних экзаменов
    (Г) о последних экзаменах

38. (А) свободное время
    (Б) свободного времени
    (В) свободным временем
    (Г) свободному времени

39. (А) спорт
    (Б) спорта
    (В) спортом
    (Г) спорту

40. (А) на футболе
    (Б) о футболе
    (В) с футболом
    (Г) в футбол

41. (А) на стадионе
    (Б) на стадион
    (В) по стадиону
    (Г) к стадиону

42. (А) спортивную гимнастику
    (Б) спортивной гимнастике
    (В) спортивной гимнастикой
    (Г) спортивная гимнастика

43. (А) от меня
    (Б) ко мне
    (В) со мной
    (Г) обо мне

44. (А) Южная Корея
    (Б) из Южной Кореи
    (В) в Южную Корею
    (Г) по Южной Корее

Задания 45—59. **Выберите правильный вариант.**

В июне … **(45)** в Москве прошли международные спортивные юношеские игры. Команды из 14 стран и … **(46)** приняли участие … **(47)** — всего 5800 юных спортсменов, … **(48)** было не больше 17 лет. Все соревнования были … **(49)**. Российские студенты и школьники стали … **(50)**. Они получили … **(51)** бесплатно. Юные зрители могли не только посмотреть … **(52)**, но и поучаствовать … **(53)**. Вечером 22 июня на Поклонной горе прошёл … **(54)** детских оркестров. Днем 23 июня … **(55)** состоялся весёлый молодёжный праздник. А вечером … **(56)** собрались в Кремле. Здесь они встретились … **(57)**, послушали концерт и потом долго гуляли … **(58)**. Мэр Москвы подарил … **(59)** подарки и книги.

45. (А) этот год
    (Б) этого года
    (В) этому году

46. (А) из разных районов России
    (Б) разные районы России
    (В) в разных районах России

47. (А) в этих играх
    (Б) на эти игры
    (В) с этими играми

48. (А) которые
    (Б) которым
    (В) которых

49. (А) на московские стадионы
    (Б) с московских стадионов
    (В) на московских стадионах

50. (А) главные зрители
    (Б) главных зрителей
    (В) главными зрителями

51. (А) входных билетов
    (Б) входные билеты
    (В) входными билетами

52. (А) спортивные соревнования
    (Б) спортивных соревнований
    (В) спортивным соревнованиям

53. (А) из культурной программы
    (Б) о культурной программе
    (В) в культурной программе

54. (А) большого концерта
    (Б) большой концерт
    (В) на большом концерте

55. (А) из Измайловского парка
    (Б) в Измайловский парк
    (В) в Измайловском парке

56. (А) молодые люди
    (Б) молодых людей
    (В) молодым людям

57. (А) с московским мэром
    (Б) о московском мэре
    (В) к московскому мэру

58. (А) в ночную Москву
    (Б) по ночной Москве
    (В) из ночной Москвы

59. (А) чемпионами
    (Б) чемпионам
    (В) чемпионы

ЧАСТЬ IV

Задания 60—71. **Выберите правильный вариант.**

Утром 15 августа мы ... **(60)** в Москву. Когда мы ... **(61)** из поезда и ... **(62)** в здание вокзала, к нам ... **(63)** наш друг, который встречал нас на вокзале. Вместе с ним на автобусе мы ... **(64)** в гостиницу. Через 30 минут мы ... **(65)** к гостинице. Мы ... **(66)** из автобуса, ... **(67)** в гостиницу, оставили там свои вещи и ... **(68)** осматривать город. Москва нам очень понравилась. Вечером к нам ... **(69)** гости. Мы разговаривали, пели и танцевали. Гости ... **(70)** от нас очень поздно. Так ... **(71)** наш первый день в Москве.

60. (А) ехали
    (Б) приехали
    (В) пришли

61. (А) шли
    (Б) ушли
    (В) вышли

62. (А) вошли
    (Б) вышли
    (В) подошли

63. (А) вошёл
    (Б) подошёл
    (В) ушёл

64. (А) поехали
    (Б) пошли
    (В) пришли

65. (А) уехали
    (Б) ехали
    (В) подъехали

66. (А) вошли
    (Б) шли
    (В) вышли

67. (А) дошли
    (Б) вошли
    (В) подошли

68. (А) шли
    (Б) пошли
    (В) пришли

69. (А) прошли
    (Б) вышли
    (В) пришли

70. (А) ушли
    (Б) пришли
    (В) перешли

71. (А) пошёл
    (Б) ушёл
    (В) прошёл

***Задания 72—84.* Выберите правильный вариант.**

Корреспондент газеты «Известия» попросил юную теннисистку Динару Сафину ... **(72)** интервью, и Динара любезно ... **(73)**. Она рассказала, что она ... **(74)** играть в теннис, когда ей было восемь лет. Она недолго ... **(75)** вид спорта, так как в её семье все занимаются теннисом: и мама, и отец, и старший брат.

Динара хорошо помнит тот день, когда она впервые пришла с мамой на корт и ... **(76)** в руки теннисную ракетку. С тех пор она играет в теннис.

Динара Сафина уже много раз ... **(77)** на молодёжных турнирах, а недавно ей исполнилось шестнадцать лет, и теперь её уже ... **(78)** участвовать в турнире для взрослых.

— Динара! А ваш брат, известный теннисист Марат Сафин, помогает вам на корте? — ... **(79)** журналист.

— К сожалению, нет. Он очень занят. Каждый день тренируется. — ... **(80)** Динара.

Сейчас семья Сафиных живёт в Испании. Динара начала ... **(81)** испанский язык. Она хочет свободно ... **(82)** по-испански. Мама Динары хочет, чтобы дочь ... **(83)** хорошее образование. Конечно, Динара не может учиться в обычной школе, поэтому она занимается дома с преподавателями, а экзамены она ... **(84)** в Москве через 3 месяца.

72. (А) дать
    (Б) давать
    (В) сдавать

73. (А) согласится
    (Б) согласилась
    (В) соглашалась

74. (А) начнёт
    (Б) начинала
    (В) начала

75. (А) выбирала
    (Б) выбрала
    (В) выберет

76. (А) брала
    (Б) берёт
    (В) взяла

77. (А) выступит
    (Б) выступала
    (В) выступила

78. (А) пригласили
    (Б) приглашали
    (В) пригласят

79. (А) спрашивал
    (Б) спросил
    (В) спросит

80. (А) ответила
    (Б) отвечала
    (В) ответит

81. (А) изучить
    (Б) изучала
    (В) изучать

82. (А) сказать
    (Б) говорить
    (В) скажет

83. (А) получила
    (Б) получала
    (В) получит

84. (А) сдала
    (Б) сдавала
    (В) будет сдавать

ЧАСТЬ V

***Задания 85—100.* Выберите правильный вариант.**

Каждый день занятия в школе кончаются … **(85)**. После уроков младшие школьники обязательно должны … **(86)** гулять или заниматься спортом, чтобы отдохнуть.	(А) 2 часа (Б) через 2 часа (В) в 2 часа (Г) 2 часа назад
Андрей и Наташа познакомились … **(87)** на море. Они договорились встретиться у своих друзей … **(88)**, когда вернутся домой.	(А) до каникул (Б) во время каникул (В) после каникул (Г) на каникулы
Летом я отдыхала на море, … **(89)** моя подруга в Сибири на Байкале. В следующем году я … **(90)** хочу поехать на Байкал.	(А) тоже (Б) а (В) но (Г) и
В Москве начинается первая часть проекта, название … **(91)** «Стань звездой». Это конкурс, … **(92)** будет продолжаться 4 месяца.	(А) который (Б) которого (В) о котором (Г) с которым
Многие тележурналисты ездили по городам России, … **(93)** они искали самых талантливых молодых людей, … **(94)** умеют петь и танцевать.	(А) которые (Б) которых (В) с которыми (Г) в которых
Победители конкурса войдут в состав поп-группы, … **(95)** запишет свои новые песни в фирме Warner Music. Фирма, … **(96)** знают во всем мире, заключит контракт с новой поп-группой на 4 года.	(А) которая (Б) которой (В) которую (Г) с которой
… **(97)** вы любите шоколад и пирожные, вы можете поехать в Челябинск, … **(98)** будет проходить международный фестиваль тортов.	(А) поэтому (Б) где (В) если (Г) ли
Это будет открытый бесплатный фестиваль. Организаторы фестиваля хотят, … **(99)** все желающие могли на него приехать. Жюри надеется, … **(100)** победителями станут россияне.	(А) потому что (Б) что (В) чтобы (Г) как

Субтест 2. АУДИРОВАНИЕ.
МАТЕРИАЛЫ ДЛЯ ТЕСТИРУЕМЫХ

Инструкция по выполнению субтеста

- Время выполнения субтеста — 30 минут.
- Субтест состоит из 5 частей (30 заданий).
- При выполнении теста пользоваться словарём нельзя.
- После каждого прослушанного сообщения или диалога нужно выполнить задание: выбрать правильный вариант ответа и отметить соответствующую букву в матрице.

Например:

| А | Ⓑ | В | Г | (Б — правильный ответ)

Если Вы ошиблись и хотите исправить ошибку, сделайте так:

| А | Ⓑ | ⊗В | Г | (В — ошибка, Б — правильный вариант).

- Все аудиотексты звучат два раза.

ЧАСТЬ I

Задания 1—5. **Прослушайте сообщения. Выберите из трёх вариантов (А, Б, В) тот, который по смыслу соответствует услышанному сообщению.**

(Звучат сообщения и задания к ним)

1. (А) Ирина стала интересоваться физикой и биологией ещё в школе.
   (Б) В школьные годы Ирину особенно интересовала физика.
   (В) Физика никогда не была любимым предметом Ирины.

2. (А) С большим вниманием группа слушала рассказ экскурсовода о строительстве нового города на Волге.
   (Б) Туристы попросили экскурсовода рассказать им о старинном русском городе на Волге.
   (В) Особенно внимательно туристы слушали экскурсовода, когда он рассказывал о старинном русском городе на Волге.

3. (А) В настоящее время взрослые и дети очень увлекаются играми на компьютере.
   (Б) Раньше компьютерные игры интересовали только взрослых.
   (В) Сейчас компьютерные игры отнимают много времени у детей.

4. (А) Вы прослушали прогноз погоды на сегодня, 25 сентября.
   (Б) Мы познакомим вас с информацией о погоде на завтра, 25 сентября, воскресенье.
   (В) А сейчас прослушайте, какая погода будет в субботу и в воскресенье.

5. (А) Каждый вторник и субботу можно будет посмотреть новую телевизионную программу для молодёжи.
   (Б) Во вторник и субботу продолжает свою работу телевизионная программа для молодёжи.
   (В) Новая телевизионная программа для детей начинает свою работу в воскресенье.

ЧАСТЬ II

Задания 6—10. **Прослушайте диалоги и выполните задания к ним. Вам нужно понять тему диалогов.**

(Звучат диалоги и задания к ним)

6. Они говорили…
   (А) об университетах
   (Б) о каникулах
   (В) об экзаменах

7. Они говорили…
   (А) о писателях
   (Б) об американских романах
   (В) о русских фильмах

8. Они говорили…
   (А) о дне рождения
   (Б) о ресторане
   (В) о баскетболе

9. Они говорили…
   (А) о море
   (Б) об отдыхе
   (В) о погоде

10. Они говорили…
    (А) о подарках
    (Б) о семье
    (В) о Новом годе

ЧАСТЬ III

Задания 11—15. **Прослушайте диалоги и ответьте на вопрос к каждому из них.**

(Звучат диалоги и задания к ним)

11. Слушайте диалог. Скажите, когда начинается сеанс?
Сеанс начинается...
    (А) в 11.45
    (Б) в 12.15
    (В) в 11.30

12. Слушайте диалог. Скажите, где находится библиотека?
Библиотека находится...
    (А) на первом этаже
    (Б) на втором этаже
    (В) на третьем этаже

13. Слушайте диалог. Скажите, сколько человек было на экскурсии?
На экскурсии было...
    (А) немного студентов
    (Б) 12 человек
    (В) 19 человек

14. Слушайте диалог. Скажите, что собирается делать Виктор завтра?
Завтра Виктор собирается пойти...
    (А) в бассейн
    (Б) на стадион
    (В) на велотрек

15. Слушайте диалог. Скажите, зачем Наташа позвонила Олегу в Петербург?
Наташа позвонила Олегу, чтобы сказать, что она...
    (А) не приедет в Петербург
    (Б) сможет приехать в пятницу
    (В) приедет в субботу

ЧАСТЬ IV

Задания 16—23. **Прочитайте в матрице вопросы, на которые Вы будете отвечать. Слушайте диалог и записывайте в матрицу информацию, которую Андрей просит передать Ирине.**

ЧАСТЬ V

Задания 24—30. **Прослушайте сообщение по телефону с автоответчика и запишите в матрице основную информацию.**

Субтест 3. ЧТЕНИЕ

Инструкция по выполнению субтеста

- Время выполнения субтеста — 50 минут.
- Субтест состоит из 4 частей (40 заданий).
- При выполнении субтеста можно пользоваться словарём.
- При выполнении заданий нужно выбрать правильный вариант ответа и отметить соответствующую букву в матрице.

Например:

| А | Ⓑ | В |

(Б — правильный ответ)

Если Вы ошиблись и хотите исправить ошибку, сделайте так:

| ⊗А | Ⓑ | В |

(В — ошибка, Б — правильный вариант).

ЧАСТЬ I

Задания 1—5. **Прочитайте сообщения и найдите логическое продолжение этой информации в вариантах (А, Б, В).**

1. Я совсем не люблю такой вид спорта, как горные лыжи.
 (А) Спорт даёт возможность познакомиться с новыми людьми.
 (Б) Этот спорт очень дорогое удовольствие.
 (В) Недавно я купил новые горные лыжи.

2. Учёные всего мира обсуждают, как использовать компьютер в нашей повседневной жизни.
 (А) Уже многие учёные говорят о том, что компьютерные игры помогают человеку отдыхать.
 (Б) Есть немало людей, в жизни которых компьютер не играет никакой роли.
 (В) Поэтому персональные компьютеры можно использовать только на работе, в школе и в институте.

3. Теперь весь мир знает историю о необычном мальчике, который до 12 лет не знал о том, что он волшебник.
 (А) Теперь весь мир знает необычную историю Атлантиды.
 (Б) Но волшебники всегда жили в народных сказках.
 (В) И дети во всех странах с удовольствием читают книги о приключениях Гарри Поттера.

4. На 15-ой Международной книжной ярмарке люди стали больше интересоваться научной и научно-популярной литературой.
    (А) Эта литература интересует не только научных работников, преподавателей, инженеров, но и молодёжь, которая устала от пустых книг.
    (Б) Все Международные книжные ярмарки обычно собирают очень много читателей.
    (В) На книжных ярмарках многие люди покупают свои любимые романы или детективы.

5. Известный путешественник собирается плавать в море на своём корабле «Анна» ровно 1000 дней.
    (А) Мир большой, и везде можно встретить очень интересных людей.
    (Б) Недавно в России вышла книга об известном путешественнике Фёдоре Конюхове.
    (В) И в этом путешествии благодаря Интернету будет участвовать весь мир.

ЧАСТЬ II

Задания 6—10. **Прочитайте фрагменты статей из газет и журналов. Определите их тему или основную идею.**

6. Самая молодая и популярная российская певица Алсу живёт и учится в Лондоне. Недавно она приехала в Россию, чтобы спеть свои новые песни. Её ждали в Москве, но она приехала в Петербург. В аэропорту журналисты и поклонники встречали её с цветами. Молодая звезда российской эстрады дала два концерта и уехала.

Тема статьи:
    (А) Встреча в аэропорту
    (Б) Новый концерт Алсу
    (В) Жизнь артистки в Лондоне

7. В 1712 г. Петербург стал столицей России. В Петербурге построили каменные здания и дворцы. В Москве были только деревянные дома. Русский царь Пётр I не разрешил строить каменные дома в Москве и в других городах России, чтобы Петербург был самым красивым городом.

Петербург был столицей России до 1918 года. И только после революции, в марте 1918 года, столицей России снова стала Москва.

В этой статье рассказывается:
    (А) о Петербурге
    (Б) о Москве
    (В) о Петре I

8. 30 октября в Музее современной истории России (Тверская улица, 21) открывается новая выставка «Герб — главный символ России».

На выставке можно увидеть Государственный герб России, который был создан в 1882 году при русском царе Александре III, исторический герб Петербурга, созданный при царе Петре I, а также исторические и современные гербы Москвы и других городов России.

Выставка будет открыта до 6 ноября.

В этой статье рассказывается:
(А) об истории России
(Б) о русских царях
(В) о новой выставке в Москве

9. Компьютерные игры — это хорошо или плохо? Противники говорят, что это плохо, так как дети меньше гуляют, меньше читают, меньше занимаются спортом. Они сидят целый день за компьютером. Иногда даже говорят, что компьютерные игры похожи на наркотики.

Но есть люди, которые любят компьютерные игры. Это их сторонники. Сейчас их намного меньше, чем противников. Но сторонники ничего не говорят, они просто играют в компьютерные игры, потому что им это интересно.

Автор статьи считает, что у компьютерных игр есть:
(А) только противники
(Б) больше противников, чем сторонников
(В) больше сторонников, чем противников

10. Есть ли жизнь на Марсе? Инопланетяне — это фантастика или реальность?

Образованные люди знают, что, кроме Земли, есть и другие планеты, поэтому они понимают, что и далеко от Земли может быть жизнь.

Женщины, особенно домохозяйки, не интересуются наукой и техникой, поэтому для них инопланетяне — это фантастика.

А вот молодёжь, которая с удовольствием смотрит фантастические фильмы и читает фантастику, верит в жизнь на других планетах.

Статистика говорит, что в инопланетян верят:
(А) образованные люди и молодёжь
(Б) только малообразованные люди
(В) женщины и молодёжь

ЧАСТЬ III

Задания 11—25. **Прочитайте краткое содержание фильмов, чтобы выбрать фильм, который Вы хотите посмотреть, а затем выполните задания.**

«Я есть... ты есть... он есть...»

Мать и сын живут вместе в небольшой квартире. Сын работает врачом в больнице. У него есть девушка Ирочка, которую он любит. Но мать не хочет, чтобы сын женился на Ирочке. Девушка не нравится матери. У них разные характеры, разные взгляды на жизнь. Да и жить в одной квартире очень трудно. Они всё время ссорятся.

Сын любит и мать, и девушку, но он должен выбирать. И он выбирает... девушку. Он уходит из дома, снимает квартиру, в которой живёт вместе с Ирочкой. А мать остаётся одна, она чувствует себя одинокой и несчастной. Ей кажется, что она потеряла сына.

Но случилось несчастье. Ирочка ехала на машине и попала в автомобильную катастрофу. Ирочка чувствует себя очень плохо. Она не может ходить, не может говорить. Ей нужна помощь. Кто поможет? Кто будет ухаживать за Ирочкой? Сын едет к матери и просит её помочь. Целый год мать ухаживает за девушкой. Она кормит её, как ребёнка, даёт ей лекарство, проводит с ней всё свободное время. И благодаря матери девушка выздоравливает.

«Принцесса на бобах»

Герои этого фильма — очень разные люди.

ОНА — молодая женщина, усталая и не очень счастливая. Она бедна. Она живёт в маленькой квартире вместе с матерью, дочерью и бывшим мужем, который нигде не работает. Она должна зарабатывать деньги, чтобы кормить семью. Утром она моет посуду в ресторане, днём продаёт газеты в метро, вечером моет лестницу в доме. Она всегда хочет спать. Она устала и уже не верит в своё счастье.

Но это очень гордая женщина. Её фамилия ШЕРЕМЕТЬЕВА. Это одна из самых известных фамилий в России. Её предки — русские дворяне.

ОН — молодой, красивый и богатый бизнесмен. Он ездит на дорогих машинах, носит дорогие костюмы, живёт в большом красивом доме с бассейном и парком. Он — новый русский, хозяин жизни. Но он родился и вырос в простой рабочей семье, и у него очень смешная фамилия — Пупков.

И вот красивый и богатый бизнесмен Пупков хочет поменять свою фамилию и стать Шереметьевым. Чтобы получить эту фамилию, он просит ЕЁ выйти за него замуж, дарит дорогие подарки, предлагает ей много денег, но она говорит НЕТ!

«Сирота казанская»

Все события фильма происходят 31 декабря. Герои фильма — молодые люди Настя и её жених Коля — готовятся встречать Новый год. У Насти никого нет, кроме Коли. Мама Насти умерла, а своего отца Настя никогда не знала. После смерти мамы Настя прочитала письмо, в котором мама рассказывала, что отца Насти зовут Павел, что познакомились они на море в 1969 году... Чтобы найти отца, Настя посылает это письмо в газету. Может быть, отец прочитает письмо и приедет к ней.

И вот в новогоднюю ночь в дом к Насте неожиданно приходит незнакомый человек и говорит, что он её отец, что зовут его Павел, что в 1969 году на море он встретил молодую девушку. Он уверен, что это была мама Насти. Он рассказывает, как они познакомились на море, как танцевали, гуляли, ели мороженое...

Настя счастлива — наконец-то она нашла отца! Но дальше начинается самое интересное: приходит второй, а потом и третий Павел, и они рассказывают такую же историю. Каждый из них считает себя отцом Насти. «Отцы» начинают спорить, а Настя не знает, что делать.

Тогда она решила показать им фотографию мамы. Когда они увидели эту фотографию, они поняли, что Настя не их дочь. Но несмотря на это, у фильма счастливый конец. Герои все вместе встречают Новый год, и все они находят счастье и любовь в доме Насти.

11. У героини этого фильма — старинная дворянская фамилия.
12. Все герои этого фильма счастливы в новогоднюю ночь.
13. С героиней этого фильма случилось несчастье.
14. Родители героини этого фильма встретились и полюбили друг друга на море.
15. В фильме мать помогает сыну.
16. Героиня фильма хочет найти своего отца.
17. Герой фильма занимается бизнесом.
18. Героиня этого фильма отказалась выйти замуж и стать богатой.
19. В этом фильме письмо и фотография играют важную роль.
20. Героиня этого фильма очень много работает.
21. В этом фильме герои не понимают друг друга и не могут жить вместе.
22. Герой этого фильма хочет купить себе новую фамилию.
23. Героиня фильма никогда не видела своего отца.
24. Герой фильма — очень богатый человек, он ездит на дорогой машине, живёт в большом и красивом доме.
25. Героиня этого фильма очень тяжело и долго болеет.

(А) «Я есть, ты есть, он есть»
(Б) «Принцесса на бобах»
(В) «Сирота казанская»

ЧАСТЬ IV

Задания 26—40. **Прочитайте текст. Вам нужно понять основную информацию текста и его значимые детали.**

Российский космонавт Алексей Леонов

18 марта 1965 года с космодрома Байконур стартовал российский космический корабль «Восход-2». На корабле находились два космонавта. Командиром корабля был Павел Беляев, вторым космонавтом — Алексей Леонов. Космический полёт продолжался всего 26 часов. Известный российский конструктор Сергей Павлович Королёв руководил полётом с Земли.

Для лётчика-космонавта Алексея Леонова это был первый полёт в космос, к которому он готовился много лет. Алексей Леонов родился в 1934 году в Сибири в семье рабочего. Ещё в детстве он мечтал стать космонавтом. Сразу после школы Леонов поступил в лётное училище, закончил его, и его взяли в отряд космонавтов, где он тренировался и готовился к своему первому полёту.

18 марта 1965 года его мечта сбылась — Алексей Леонов полетел в космос. Это был необычный полёт. В 8 часов 55 минут по московскому времени русский космонавт Алексей Леонов впервые в истории вышел в открытый космос. Всё было в первый раз: первый выход в открытый космос, испытание нового скафандра. Учёные решили испытать скафандр прямо в открытом космосе, так как создать космические условия на Земле невозможно.

Когда Леонов вышел в открытый космос, он сразу сообщил на Землю: «Чувствую себя хорошо. Условия нормальные. Начинаю выполнять задание».

Во время связи с Землёй Алексей Леонов говорил с первым в мире космонавтом Юрием Гагариным.

— Как настроение, Алексей? — спросил Гагарин. — Расскажи, что видишь?
Леонов сразу узнал голос друга и ответил:
— Вижу Землю, Чёрное море, Кавказские горы.... Согласен со всеми космонавтами, которые видели Землю из космоса. Красива наша Земля. Очень красива!

Алексей Леонов работал в условиях открытого космоса 24 минуты. Земля была такой красивой, что космонавт совершенно забыл о времени. Чтобы вернуться из открытого космоса на корабль, у него оставалось только две минуты. Это были самые трудные минуты в его жизни. Он долго не мог войти в шлюз корабля.

Космонавт должен был войти в шлюз ногами вперёд, чтобы руками закрыть люк у себя над головой. Но сделать это было невозможно. Космонавт не мог быстро двигаться, потому что в открытом космосе его скафандр стал большим и тяжёлым. Тогда Леонов решил войти в шлюз головой вперёд. Сделать это было нелегко. Но космонавт боролся за свою жизнь и в конце концов победил. Он вошёл в шлюз и вернулся на корабль.

Этот космический эксперимент имел огромное значение для развития космонавтики. Алексей Леонов испытал новый скафандр и доказал, что человек может работать в открытом космосе.

Сейчас у каждого космонавта есть один комбинезон и два скафандра: первый — спасательный, второй — для выхода в открытый космос. А у Леонова был только один скафандр, который он надел перед стартом, в котором вышел в открытый космос, в нём же он приземлился в лесу в Сибири и находился там ещё три дня. Другого скафандра у Леонова не было. Когда космонавт вернулся в Москву, этот скафандр сразу отдали в музей.

И сейчас этот уникальный скафандр можно увидеть в музее космонавтики. В этом музее можно увидеть и рисунки Алексея Леонова, которые он делал во время полёта. Обычно космонавты берут с собой на корабль фотографии родных и близких людей, любимые книги. Леонов взял с собой цветные карандаши, чтобы рисовать всё, что он увидит в космосе. У Алексея Леонова много картин и рисунков, на которых можно увидеть космос, Землю и звёзды.

После первого полёта пришла слава, торжественные встречи, выступления, поездки за границу, но главным для Леонова была работа. Он готовился к новым полётам.

Через 10 лет, в 1975 году, начала свою работу международная российско-американская космическая программа. 15 июля 1975 года в космос полетели два космических корабля: российский — «Союз-19» и американский — «Аполлон». В этом полёте участвовали три американских космонавта и два российских. Командиром российского космического корабля «Союз-19» стал Алексей Леонов.

26. Полётом космического корабля «Восход-2» с Земли руководил...
(А) Юрий Гагарин
(Б) Сергей Королёв
(В) Павел Беляев

27. Алексей Леонов родился...
(А) в рабочей семье
(Б) в семье космонавта
(В) в семье художника

28. Космонавт Алексей Леонов — первый космонавт, который...
(А) полетел в космос
(Б) вышел в открытый космос
(В) видел Землю из космического корабля

29. Первый полёт Алексея Леонова в космос продолжался...
(А) 26 часов
(Б) 8 часов 55 минут
(В) 3 дня

30. Учёные решили испытать новый скафандр...
(А) в космической лаборатории
(Б) в космическом корабле
(В) в открытом космосе

31. Космонавт Леонов находился в открытом космосе…
   (А) только 2 минуты
   (Б) 24 минуты
   (В) 8 часов 55 минут

32. Космонавт Леонов долго не мог войти в шлюз космического корабля, потому что скафандр…
   (А) увеличился
   (Б) уменьшился
   (В) стал очень лёгким

33. У космонавта Леонова…
   (А) было 3 скафандра
   (Б) было 2 скафандра и 1 комбинезон
   (В) был только 1 скафандр

34. Скафандр Леонова можно назвать уникальным, потому что…
   (А) в этом скафандре человек впервые вышел в открытый космос
   (Б) скафандр стал большим и тяжёлым
   (В) сейчас этот скафандр находится в музее

35. Алексей Леонов взял с собой в космос…
   (А) фотографию семьи
   (Б) любимую книгу
   (В) цветные карандаши

36. Алексей Леонов — художник, который рисует…
   (А) космос
   (Б) море
   (В) лес

37. Космонавты приземлились…
   (А) на космодроме Байконур
   (Б) в горах Кавказа
   (В) в сибирском лесу

38. В июле 1975 года Алексей Леонов…
   (А) поехал за границу
   (Б) начал рисовать картины
   (В) готовился полететь в космос

39. Алексей Леонов был в космосе…
   (А) один раз
   (Б) два раза
   (В) много раз

40. Алексей Леонов был командиром космического корабля…
   (А) «Восход-2»
   (Б) «Союз-19»
   (В) «Аполлон»

Субтест 4. ПИСЬМО

Инструкция по выполнению субтеста

- Время выполнения субтеста — 50 минут.
- Субтест содержит 1 задание.
- При выполнении субтеста можно пользоваться словарём.

Задание. Ваш новый знакомый едет учиться или работать в Вашу страну. Напишите письмо своему другу (подруге) на родину и расскажите о Вашем новом знакомом.

Напишите:
— кто он,
— как его зовут,
— сколько ему лет,
— где он учится (работает),
— какие у него интересы,
— что он любит делать в свободное время,
— какой у него характер,
— почему Вы дружите с ним.

Объясните, когда и почему он поедет в вашу страну.

Попросите Вашего друга (подругу) встретить его, показать ему родной город и укажите, когда и на чём он приедет.

В Вашем письме должно быть не менее 18—20 предложений.

Субтест 5. ГОВОРЕНИЕ

Инструкция по выполнению субтеста

- Время выполнения субтеста — 40 минут.
- Субтест содержит 4 задание.

ВАРИАНТ 1

Инструкция по выполнению заданий 1 и 2

- Время выполнения заданий — 10 минут.
- Задания выполняются без предварительной подготовки. Вам нужно принять участие в диалогах.
- Помните, что Вы должны дать полный ответ (ответы «да», «нет» или «не знаю» не являются полными).

Задание 1 (позиции 1—5). **Примите участие в диалоге. Ответьте собеседнику.**

1. Все говорят, что Вы похожи на маму. Это правда?
— ...

2. Вашего друга сегодня нет на занятиях. Вы не знаете, что случилось?
— ...

3. Вы так хорошо говорите по-русски! Где Вы изучали русский язык?
— ...

4. Скажите, как работают магазины в Вашем городе?
— ...

5. Скоро Вы закончите университет. Какие у вас планы?
— ...

Задание 2 (позиции 6—10). **Познакомьтесь с ситуацией. Начните диалог.**

6. На дискотеке Вы увидели симпатичную девушку (молодого человека). Познакомьтесь с ней (с ним).
— ...

7. У Вашего друга проблемы с математикой. Посоветуйте, что ему делать.
— ...

8. У Вас есть новая компьютерная игра. Посоветуйте Вашему другу купить эту игру.

— ...

9. Вы хотите поиграть в волейбол. Позвоните Вашему другу и пригласите его. Договоритесь о встрече.

— ...

10. Завтра Вы не можете прийти на занятия. Объясните, почему.

— ...

Инструкция по выполнению задания 3

• Время выполнения задания — 25 минут (15 минут — подготовка, 10 минут — ответ).

Задание 3 (позиции 11—12).

11. Прочитайте текст, кратко изложите его содержание.

Записка

Лев Савич Турманов, богатый пожилой некрасивый человек, имел молодую жену. Однажды они с женой были в гостях у своего хорошего знакомого. Лев Савич играл в карты, а его жена танцевала с молодыми людьми. Через некоторое время Турманов решил найти свою жену, чтобы узнать, не скучает ли она. Он подошёл к двери в другую комнату и вдруг услышал разговор.

— Конечно, конечно... — говорил женский голос. — Только когда это будет?

«Моя жена, — узнал Лев Савич. — С кем это она разговаривает?»

— Когда хочешь, мой друг... — отвечал мужской голос. — Сегодня не совсем удобно, а завтра я целый день занят...

«Это Дегтярёв! — узнал Турманов голос своего старого приятеля. — Ну какой это друг? А она! Ну, женщины! Не может прожить дня без романа!»

— Да, завтра я занят, — продолжал мужчина. — Если хочешь, напиши мне завтра что-нибудь... я буду рад и счастлив... Только нам нельзя посылать письма по почте. Если я тебе напишу, то твой старый дурак муж может увидеть письмо у почтальона. А если ты мне напишешь, то моя жена получит твоё письмо и прочитает.

— Что же делать? — спросила женщина.

— Нужно что-нибудь придумать! Завтра, ровно в 6 часов вечера я буду возвращаться с работы через городской парк. А ты, моя милая, приходи немного раньше и положи свою записку в каменную вазу, которая стоит около выхода из парка. Я её возьму и прочитаю.

— Очень хорошо, я знаю, где эта ваза.

— Это будет очень таинственно, интересно и ново. Никто ничего не узнает — ни твой старый толстый муж, ни моя жена. Поняла?

Лев Савич прослушал этот разговор до конца и пошёл снова играть в карты. Открытие, которое он только что сделал, не удивило и не расстроило его. Он знал о романах своей молодой жены и не обращал на них внимания. Но ему было очень неприятно и обидно, что его приятель называет его старым толстым дураком.

«Какой же Дегтярёв плохой человек! — думал Лев Савич. — Когда он встречает меня на улице, улыбается и называет другом, а сейчас назвал меня старым толстым дураком... Как неприятно!»

Во время ужина Лев Савич не мог спокойно смотреть на Дегтярёва и на свою жену. Дегтярёв, наоборот, хотел с ним поговорить и задавал много вопросов: почему он такой грустный? выиграл ли он в карты?...

Когда Турманов вернулся домой, он стал думать, как отомстить Дегтярёву. Наконец у него появилась отличная идея. Он решил написать записку очень богатому человеку — хозяину большого магазина. Ночью Лев Савич сел за стол и написал: «Господин Блинов! Сегодня, 12 сентября, в 6 часов вечера вы должны положить 1000 рублей в каменную вазу около выхода из городского парка. Если вы этого не сделаете, вас убьют, а ваш магазин разрушат». Лев Савич был очень доволен, когда закончил писать.

— Как я хорошо придумал! — думал он. — Господин Блинов, конечно, испугается и пойдёт в полицию. Полиция будет ждать человека, который написал записку, в парке в 6 часов. Туда придёт Дегтярёв, чтобы взять письмо из вазы, и полиция его арестует.

Лев Савич сам пошёл на почту и отправил письмо. На следующий день у него было прекрасное настроение. Он представлял себе, как плохо будет Дегтярёву, когда полиция его арестует. Вечером Турманов пришёл в парк и стал ждать, что будет. Ровно в 6 часов появился Дегтярёв.

«Вот сейчас узнаешь, какой я старый глупый дурак!» — думал Лев Савич.

Дегтярёв подошёл к вазе, взял оттуда небольшой пакет, с удивлением посмотрел на него, потом открыл и... вытащил 1000 рублей. Молодой человек долго смотрел на деньги и ничего не понимал. В конце концов он положил их в карман, сказал «Спасибо!» и ушёл.

Несчастный Лев Савич слышал это «спасибо». Целый вечер потом он стоял напротив магазина господина Блинова, показывал кулак и говорил:

— Трус! Трус! Трус!

(по А.П. Чехову)

12. Расскажите, что Вы думаете о героях и ситуации в рассказе.

Инструкция к выполнению задания 4

• Время выполнения задания — 15 минут (10 минут — подготовка, 5 минут — ответ).
• Вы должны подготовить сообщение на предложенную тему (12—15 предложений).
• При подготовке задания можно пользоваться словарём.

Задание 4. **Подготовьте сообщение на тему: «Город, который я знаю».**

Вопросы:
• Какой это город?
• Где он находится?
• Можно ли сказать, что этот город политический, промышленный, культурный или научный центр?
• Что могут посмотреть туристы в этом городе?
• Какие достопримечательности там есть?
• Какие виды транспорта есть в этом городе?
• Это зелёный город?
• Какая там погода?
• Какие известные люди живут (жили) в этом городе?
• Вы уже были в этом городе?
• Вы хотите туда поехать?

ВАРИАНТ 2

Инструкция по выполнению заданий 1 и 2

• Время выполнения задания — 10 минут.
• Задания выполняются без предварительной подготовки. Вам нужно принять участие в диалогах.
• Помните, что Вы должны дать полный ответ (ответы «да», «нет» или «не знаю» не являются полными).

Задание 1 (позиции 1—5). **Примите участие в диалоге. Ответьте собеседнику.**

1. Какую последнюю книгу Вы прочитали?
— ...

2. Куда Вы пойдёте, если у Вас будет свободный вечер?
— ...

3. Вы так устали! Что Вы делали? (Вы такой весёлый! У Вас праздник?) (Вы такой грустный! Что случилось?)

— ...

4. Вы не любите танцевать! Почему?

— ...

5. Вы не скажете, где здесь можно пообедать?

— ...

Задание 2 (позиции 6—10). **Познакомьтесь с ситуацией. Начните диалог.**

6. Вы позвонили своему другу, но его нет дома. Передайте для него информацию.

— ...

7. Вы пришли в кафе поужинать. Объясните официанту, что Вы хотите взять.

— ...

8. Вы отдыхали на Кипре. Посоветуйте другу, отдыхать там или нет.

— ...

9. К вам приезжает друг. Вы не можете его встретить в аэропорту. Объясните, где вы живёте.

— ...

10. Вы познакомились с девушкой по Интернету. Опишите, как Вы выглядите (дайте свой портрет).

— ...

Инструкция по выполнению задания 3

• Время выполнения задания — 25 минут (15 минут — подготовка, 10 минут — ответ).

Задание 3 (позиции 11—12).

11. Прочитайте текст, кратко изложите его содержание.

Злой мальчик

Иван Иванович Лапкин, приятный молодой человек, и Анна Семёновна, молодая девушка, пришли на берег реки, спустились к воде и сели на скамейку. Скамейка стояла между большими зелёными кустами. На этой скамейке никто вас не видит — видят вас одни только рыбы. Прекрасное место!

Молодые люди начали ловить рыбу.

— Я рад, что мы, наконец, одни ... — начал говорить Лапкин. — Я должен сказать вам многое, Анна Семёновна... Когда я увидел вас в первый раз... Я понял тогда, для чего я живу... Я люблю вас...

В это время Анна Семёновна подняла руку с удочкой. Там была маленькая рыбка, она упала с удочки на землю. Иван Иванович хотел взять рыбку, но случайно взял руку Анны Семёновны и случайно поцеловал. Всё это произошло как-то вдруг, случайно... Они стали целоваться. Какие это были счастливые минуты! Когда молодые люди целовались, кто-то громко засмеялся. Они посмотрели на реку. В воде стоял мальчик. Это был Коля, гимназист, младший брат Анны Семёновны. Он стоял в воде, смотрел на молодых людей и неприятно улыбался.

— А-а-а... вы целуетесь? — сказал он. — Хорошо, я всё скажу маме.

— Думаю, что вы, как честный человек... никому ничего не скажете ... — тихо сказал Лапкин и покраснел.

— Дайте рубль, тогда не скажу! — ответил Коля.

Лапкин вытащил из кармана рубль и дал его Коле. Коля взял рубль и уплыл. Молодые люди больше не целовались.

На другой день Лапкин привёз Коле из города подарок: краски и мяч. Злому мальчику, конечно, всё это понравилось. И, чтобы получать подарки каждый день, он стал ходить вместе с молодыми людьми и смотреть, что они делают. Куда Лапкин с Анной Семёновной, туда и он. Коля ни на минуту не оставлял их одних.

Весь июнь Коля был рядом с влюблёнными молодыми людьми и просил подарки, ему всё было мало. В конце концов, он стал просить часы. Лапкин обещал Коле купить часы. Однажды во время обеда Коля вдруг громко засмеялся и спросил у Лапкина:

— Сказать? А?

Лапкин очень испугался и покраснел. Анна Семёновна не стала обедать и убежала из комнаты.

В такой ситуации молодые люди находились до того дня, когда Лапкин предложил Анне Семёновне стать его женой. О, какой это был счастливый день! Когда Лапкин поговорил с родителями невесты и получил согласие, он сразу побежал в сад искать Колю. Он нашёл Колю и больно схватил его за ухо. Потом прибежала Анна Семёновна, которая тоже искала Колю, и схватила брата за другое ухо. Коля плакал и просил их:

— Миленькие, хорошенькие, не надо, я больше не буду! Ай, ай, простите меня!

И тогда молодые люди поняли, что они никогда не были так счастливы, как в те минуты, когда держали злого мальчика за уши.

(по А.П. Чехову)

12. Расскажите, что Вы думаете о героях и ситуации в рассказе.

Инструкция к выполнению задания 4

• Время выполнения задания — 15 минут (10 минут — подготовка, 5 минут — ответ).

• Вы должны подготовить сообщение на предложенную тему (12—15 предложений).

• При подготовке задания можно пользоваться словарём.

Задание 4. **Подготовьте сообщение на тему: «Праздник в Вашей семье».**

Вопросы:
• Какая у Вас семья?
• Сколько в ней человек?
• Какие праздники Ваша семья отмечает вместе?
• Где вы отмечаете этот праздник?
• Кого вы приглашаете в гости?
• Как Ваша семья готовится к этому празднику?
• Кто покупает продукты? Кто готовит? Кто убирает?
• Какое ваше любимое праздничное блюдо?
• Какие подарки вы дарите друг другу? Почему?
• Что вы делаете во время праздника?
• Вы любите семейные праздники?

2부 정답 및 문제해설

정답

Субтест 1. ЛЕКСИКА. ГРАММАТИКА

КОНТРОЛЬНЫЕ МАТРИЦЫ

Часть I					
	1	А	Б	В	**Г**
	2	А	**Б**	В	Г
	3	**А**	Б	В	Г
	4	А	**Б**	В	Г
	5	А	Б	В	**Г**
	6	**А**	Б	В	Г
	7	А	Б	**В**	Г
	8	А	Б	**В**	Г
	9	А	**Б**	В	Г
	10	А	**Б**	В	Г
	11	А	Б	В	**Г**
	12	А	**Б**	В	Г
	13	**А**	Б	В	Г
	14	А	Б	В	**Г**
	15	А	Б	**В**	Г
	16	А	Б	В	**Г**
	17	А	**Б**	В	Г
	18	А	Б	**В**	Г
	19	**А**	Б	В	Г
	20	А	Б	**В**	Г
	21	А	**Б**	В	Г
	22	**А**	Б	В	Г
	23	А	**Б**	В	Г

Часть II					
	24	А	**Б**	В	Г
	25	А	Б	В	**Г**
	26	А	Б	В	**Г**
	27	А	Б	**В**	Г
	28	А	Б	В	**Г**
	29	А	Б	В	Г

Часть III					
	30	**А**	Б	В	Г
	31	А	Б	В	**Г**
	32	А	**Б**	В	Г
	33	А	Б	В	**Г**
	34	А	Б	В	**Г**
	35	А	Б	**В**	Г
	36	А	**Б**	В	Г
	37	**А**	Б	В	Г
	38	**А**	Б	В	Г
	39	**А**	Б	В	Г
	40	А	Б	В	**Г**
	41	А	**Б**	В	Г
	42	А	Б	В	**Г**
	43	А	Б	**В**	Г
	44	А	Б	**В**	Г
	45	А	**Б**	В	Г
	46	**А**	Б	В	Г

	№				
	47	**А**	Б	В	Г
	48	А	**Б**	В	Г
	49	А	Б	**В**	Г
	50	А	Б	**В**	Г
	51	А	**Б**	В	Г
	52	**А**	Б	В	Г
	53	А	Б	**В**	Г
	54	А	**Б**	В	Г
	55	А	Б	**В**	Г
	56	**А**	Б	В	Г
	57	**А**	Б	В	Г
	58	А	**Б**	В	Г
	59	А	**Б**	В	Г
Часть IV	60	А	**Б**	В	Г
	61	А	Б	**В**	Г
	62	**А**	Б	В	Г
	63	А	**Б**	В	Г
	64	**А**	Б	В	Г
	65	А	Б	**В**	Г
	66	А	Б	**В**	Г
	67	А	**Б**	В	Г
	68	А	**Б**	В	Г
	69	А	Б	**В**	Г
	70	**А**	Б	В	Г
	71	А	Б	**В**	Г
	72	**А**	Б	В	Г
	73	А	**Б**	В	Г

	№				
	74	А	Б	**В**	Г
	75	**А**	Б	В	Г
	76	А	Б	**В**	Г
	77	А	**Б**	В	Г
	78	**А**	Б	В	Г
	79	А	**Б**	В	Г
	80	**А**	Б	В	Г
	81	А	Б	**В**	Г
	82	А	**Б**	В	Г
	83	**А**	Б	В	Г
	84	А	Б	**В**	Г
Часть V	85	А	Б	**В**	Г
	86	**А**	Б	В	Г
	87	А	**Б**	В	Г
	88	А	Б	**В**	Г
	89	А	**Б**	В	Г
	90	**А**	Б	В	Г
	91	А	**Б**	В	Г
	92	**А**	Б	В	Г
	93	А	Б	В	**Г**
	94	**А**	Б	В	Г
	95	**А**	Б	В	Г
	96	А	Б	**В**	Г
	97	А	Б	**В**	Г
	98	А	**Б**	В	Г
	99	А	Б	**В**	Г
	100	А	**Б**	В	Г

Субтест 2. АУДИРОВАНИЕ

КОНТРОЛЬНЫЕ МАТРИЦЫ

	№				
Часть I	1	А	**Б**	В	Г
	2	А	Б	**В**	Г
	3	**А**	Б	В	Г
	4	А	**Б**	В	Г
	5	**А**	Б	В	Г
Часть II	6	А	**Б**	В	Г
	7	А	Б	**В**	Г
	8	**А**	Б	В	Г
	9	А	Б	**В**	Г
	10	**А**	Б	В	Г
Часть III	11	**А**	Б	В	Г
	12	А	**Б**	В	Г
	13	А	Б	**В**	Г
	14	А	**Б**	В	Г
	15	А	Б	**В**	Г

Часть IV

Андрей позвонил (кому?)	Ирине
16. Вечер будет (когда?)	завтра
17. Вечер будет (где?)	в клубе МГУ
18. Начало вечера (когда?)	в 7.30
19. Андрей будет ждать Ирину (когда?)	в 7.15
20. Андрей придет на вечер (с кем?)	с братом
21. Его брат приехал (откуда?)	из Петербурга
22. Андрей просит Ирину пригласить (кого?)	подругу
23. Телефон Андрея	125-50-38

Часть V

Вы позвонили	в приёмную комиссию
24. Вы позвонили в университет (какой?)	московский (МГУ)
25. Вы позвонили на факультет (какой?)	экономический
26. Вы должны принести	документы
27. Приемная комиссия не работает только	в воскресенье
28. Часы работы приемной комиссии	с 9 до 18
29. Факультет находится на (каком?) этаже	на 8 этаже
30. Телефон факультета	939-50-25

Субтест 3. ЧТЕНИЕ

КОНТРОЛЬНАЯ МАТРИЦА

Часть I	1	А	**Б**	В
	2	**А**	Б	В
	3	А	Б	**В**
	4	**А**	Б	В
	5	А	Б	**В**
Часть II	6	А	**Б**	В
	7	**А**	Б	В
	8	А	Б	**В**
	9	А	**Б**	В
	10	**А**	Б	В
Часть III	11	А	**Б**	В
	12	А	Б	**В**
	13	**А**	Б	В
	14	А	Б	**В**
	15	**А**	Б	В
	16	А	Б	**В**
	17	А	**Б**	В
	18	А	**Б**	В
	19	А	Б	**В**
	20	А	**Б**	В

	21	**А**	Б	В
	22	А	**Б**	В
	23	А	Б	**В**
	24	А	**Б**	В
	25	**А**	Б	В
Часть IV	26	А	**Б**	В
	27	**А**	Б	В
	28	А	**Б**	В
	29	**А**	Б	В
	30	А	Б	**В**
	31	А	**Б**	В
	32	**А**	Б	В
	33	А	Б	**В**
	34	**А**	Б	В
	35	А	Б	**В**
	36	**А**	Б	В
	37	А	Б	**В**
	38	А	Б	**В**
	39	А	**Б**	В
	40	А	**Б**	В

문제해설

Субтест 1. ЛЕКСИКА. ГРАММАТИКА (어휘·문법)

〈테스트 중 지켜야 할 사항〉
- 시험 시간은 50분입니다.
- 시험은 다섯 부분으로 이루어져 있으며 총 100문제입니다.
- 시험 중 사전을 이용할 수 없습니다.
- 시험지와 답안지를 받은 후, 답안지의 각 장에 이름을 쓰세요.
- 시험지 왼쪽에는 문제 번호와 표현이 주어져 있고 오른쪽에는 보기가 나열되어 있습니다. 정답이 되는 알파벳을 답안지에 표시하세요.

예를 들면 :

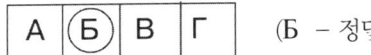   (Б – 정답)

답을 수정할 경우, 아래와 같이 고치세요.

| А | Б̄ | В̄ | Г | (В – 오답 Б – 정답)

Часть I

(문제 1~23) 보기에서 정답을 고르세요.

1

посоветовать кому (3) + инф. ~에게 ~을 충고하다
〈여격+동사원형〉을 보어로 취할 수 있는 동사는 посоветовать이다.

[어휘] сказать кому + о чём- ком 말하다 / рассказать кому + о чём- ком 이야기하다 / разговаривать + с кем-чем 서로 이야기를 나누다 / экскурсия 견학
[해석] 나의 친구는 우리 도시의 역사를 더 잘 알 수 있는 견학을 가도록, 나에게 조언했다.
[정답] Г

2

никуда не хочу идти 아무데도 가고 싶지 않다
보기 중 운동 동사 идти(가다)와 함께 사용될 수 있는 것은 куда와 никуда이다. 그 중 никуда는 술어를 부정하는 не 및 нет과 함께 사용하여 부정을 강조하는 역할을 한다.

[보충학습] 부정부사 및 부정 대명사 의미
- никуда не + 동사 : 어디로도 ~ 않다

- никто не + 동사 : 누구도 ~ 않다
- ничто не + 동사 : 무엇도 ~ 않다
- нигде не + 동사 : 어디에서도 ~ 않다
- никогда не + 동사 : 언제도 ~ 않다

[어휘] устать 피곤하다 / идти 가다 / куда 어디로
[해석] 나는 피곤해서 아무데도 가고 싶지 않다.
[정답] Б

의미상 형용사 маленький(어린, 작은)는 명사 ребёнок를 수식하기에 가장 적합하다.

[어휘] маленький 어린, 작은 / молодой 젊은 / младший (형제, 자매 중) 나이가 적은 /
меньше(маленький의 비교급) 더 작은 / шуметь 떠들다 / спать 자다
[해석] 떠들지 마세요! 방에서 어린 아기가 잠을 자고 있습니다.
[정답] А

두 번째 문장을 먼저 해석하도록 한다. «Это страна, где ты живёшь или это место, где ты родился?»(이것은 네가 사는 나라이니? 아니면 네가 태어난 나라이니?) 그 의미를 포함하는 단어로 명사 родина(고향, 조국)가 적합하다.

[어휘] что 무엇 / страна 나라 / жить 살다 / или 또는 / место 장소, 자리
[해석] родина(고향)이 무엇입니까? 이것은 네가 사는 나라이니? 아니면 네가 태어난 나라이니?
[정답] Б

5

문장의 주어 ты와 결합하여 완벽한 문장을 만들 수 있는 것은 동사 родиться(태어나다)이므로 과거시제 남성형 родился가 적합하다.

[어휘] 4번 참고
[해석] 4번 참고
[정답] Г

명사를 꾸며주는 형용사의 자리가 비어 있다. 따라서 명사 дом을 꾸며주는 형용사 родной가 적합하다.

[어휘] родной 친족관계가 있는, 태어난 / родственник 친척 / родители 부모님 / может быть 아마도 /
жить 살다 / или 또는
[해석] 이 곳은 네가 태어난 집이니? 아니면, 너의 부모님이 살고 있는 집이니?
[정답] А

7

소유 대명사는 수식하는 명사의 성, 수, 격과 일치하여야 한다. 소유 대명사 복수 주격 형태 твои와 결합할 수 있는 명사 복수 주격형 родители가 적합하다.

[어휘] 6번 문항 참고
[해석] 6번 문항 참고
[정답] В

8

слушать с интересом 흥미를 갖고 듣다

[어휘] молодые люди 젊은 사람들 / слушать 듣다 / выступление (연설, 토크쇼 등에서 하는) 이야기 / известный 유명한 / артист 배우
[해석] 젊은 사람들은 흥미를 갖고 유명한 배우의 이야기를 들었다. 왜냐하면, 그는 매우 흥미롭게 자신에 대해서 이야기했기 때문이다.
[정답] В

9

동사를 꾸며 줄 수 있는 부사 интересно가 적합하다.

[어휘] потому что 왜냐하면 / о себе 자신에 대해
[해석] 8번 참고
[정답] Б

10

명사를 꾸며주는 형용사 자리가 비어있다. 따라서, -ь으로 끝나는 여성 명사 жизнь을 수식하는 형용사 여성형 интересная가 적합하다.

[어휘] интересный 흥미로운 / интересно 흥미롭다 / интерес 흥미, 관심 / жизнь 삶
[해석] 이 사람의 인생은 흥미로웠다.
[정답] Б

11

интересоваться + кем-чем (5) ~이 흥미롭다

주어와 결합할 수 있는 동사 자리가 비어있다. 보어로 조격 형태를 취하는 동사 интересоваться의 남성 과거형 интересовался가 적합하다.

[어휘] путешествие 여행 / разный 다양한 / страна 나라
[해석] 그는 여러 나라로 여행하는 것이 흥미로웠다.
[정답] Г

12

попросить + кого (4) + инф. 요청하다, 부탁하다

동사 попросить는 보어로 〈대격+동사원형〉을 취할 수 있으므로, 남성 과거형 попросил이 적합하다.

[어휘] спросить 질문하다 / попросить 요청하다, 부탁하다 / написать сочинение 작문하다 / родной город 고향 / рассказать 이야기하다
[해석] 선생님은 자신의 학생들에게 고향에 대해 작문하도록 (부탁)했다.
[정답] Б

13

спросить + кого-что (4) 질문하다.

문장의 의미로 볼 때 '질문하다' 라는 뜻의 동사 спросить가 적합하다.

[어휘] ученик 학생 / можно 가능하다 / найти 찾다 / материал 자료
[해석] 학생 한명은 이것에 관한 흥미로운 자료를 어디에서 찾을 수 있는지 질문했다.
[정답] А

14

получить + от кого (2) ~로부터 받다

[어휘] вчера 어제 / письмо 편지 / друг 친구
[해석] 어제 나는 친구로부터 편지를 받았다.
[정답] Г

15

послать + кого-что (4) ~을 보내다, ~을 발송하다

[어휘] неделя 주, 주간 / назад 전에
[해석] 그는 그것을 일주일 전에 보냈다.
[정답] В

16

'오래전부터 운전을 했다' 는 의미를 강조하기 위해서는 부사 уже(벌써)가 적합하다.

[어휘] ещё 아직 / тоже 역시, 또한 / уже 벌써 / старший брат 형 / давно 오래 전부터
[해석] 나의 형은 벌써 오래 전부터 운전을 한다.
[정답] Г

17

'나 또한 배우고 싶다'는 의미로 표현되기 위해서는 부사 тоже(또한, 역시)가 적합하다.

[어휘] научиться 배우다, 익히다 / машина 자동차
[해석] 나 또한 운전을 배우고 싶지만, 나는 자동차가 없다.
[정답] Б

18

동사 мочь는 '~을 할 수 있다', 동사 уметь는 '~을 할 능력이 되다, ~할 줄 안다'는 의미를 가지므로, 동사 уметь의 1인칭 단수형 умею가 적합하다.

[어휘] мочь ~할 수 있다 / скрипка 바이올린 / играть на скрипке 바이올린을 연주하다 /
        потому что 왜냐하면
[해석] 나는 바이올린을 연주할 줄 알고 있으나, 지금은 할 수 없다. 왜냐하면 나는 바이올린이 없기 때문이다.
[정답] В

19

바이올린이 없어서 연주를 할 수 없기 때문에 동사 мочь의 1인칭 단수형 могу가 적합하다.

[어휘] 18번 참고
[해석] 18번 참고
[정답] А

20

문맥상 '~을 할 줄 모른다'라는 의미가 적합하므로, 빈 칸에는 동사 умею가 들어간다.

[어휘] гитара 기타 / играть на гитаре 기타를 연주하다 / к сожалению 안타깝게도
[해석] 나는 기타를 좋아하지만 안타깝게도 기타를 연주할 수 없다.
[정답] В

21

знать + кого-что(4) ~을 안다

[어휘] нота 음표
[해석] 나는 음표를 잘 알고 있으므로 기타로 음계를 잘 연주할 수 있다.
[정답] Б

22

'~을 할 수 있다'는 의미의 동사 мочь의 1인칭 단수형 могу가 적합하다.

[어휘] гамма 음계 / поэтому 그래서
[해석] 21번 참고
[정답] А

23

구문정리 : знаю, что ~ ~을 안다.

[어휘] хороший 좋은 / голос 목소리
[해석] 나는 내 목소리가 좋다는 것을 안다.
[정답] Б

> [보충학습] (18~23)
> • мочь : ~을 할 수 있다
> • уметь : ~을 할 능력이 되다, ~할 줄 알다
> • знать : ~을 알다
> • интересоваться : ~에 흥미를 가지다

Часть II

(문제 24~29) 보기에서 정답을 고르세요.

24

слышать + о ком-чём (6) ~에 대해 듣다

동사 слышать는 'о + 전치격'을 보어로 취한다. 그러므로, 전치사 о와 지시대명사 этот의 전치격 형태가 결합된 об этом이 적합하다.

[어휘] недавно 얼마 전부터, 최근 / роман 소설 / писатель 작가 / слышать 듣다
[해석] 최근, 나는 유명한 작가 아꾸닌의 소설 «Внеклассное чтение»을 읽기 시작했다. 나는 벌써 오래 전부터 이 작가와 그의 책에 대해 들었다.
[정답] Б

25

увидеть + кого-что (4) ~를 보다

남성명사의 대격은 활동체일 경우 생격과, 비활동체일 경우 주격과 동일한 형태를 가진다. 따라서 활동체인 писатель(작가)의 대격 형태는 생격과 같은 писателя가 되고, 지시대명사 этот의 대격 역시 생격과 동일한 형태를 가진다.

[어휘] мечтать 희망하다, 바라다 / увидеть 보다
[해석] 나는 이 작가를 만나서 그와 함께 이야기 나누기를 희망해.
[정답] Г

26

прочитать + кого-что (4) ~을 읽다

비활동체인 роман(소설)의 대격은 주격과 동일한 형태를 가진다.

[어휘] не только A но и B A뿐만 아니라, B 역시 / роман 소설 / человек 사람
[해석] 그러나, 나는 이 소설을 읽고 싶을 뿐 아니라, 이 사람과 인사를 나누고 싶다.
[정답] Г

27

познакомиться + с кем-чем (5) ~와 인사 나누다

동사 познакомиться는 'с + 조격'을 보어로 취하는 동사이므로, 전치사 с와 지시대명사 этот의 조격 형태 этим가 결합된 с этим이 적합하다.

[어휘] 26번 참고
[해석] 26번 참고
[정답] B

28

обратить внимание + на кого-что (4) 시선을 집중하다, 주의를 기울이다

전치사 на와 대명사의 대격 형태 меня가 결합된 на меня가 적합하다.

[어휘] вечер 파티 / платье 원피스, 드레스 / друзья 친구들 (друг의 복수형)
[해석] 어제 나는 파티에 새 원피스를 입고 갔고 나의 친구들은 나에게 시선을 집중했다.
[정답] Г

29

потанцевать + с кем (5) ~와 함께 춤추다

동사 потанцевать는 'с + 조격'을 보충어로 취할 수 있는 동사이므로, 전치사 с와 대명사 я의 조격형 мной가 결합된 со мной가 적합하다.

[어휘] молодые люди 젊은이들
[해석] 모든 젊은 남자들이 나와 춤추기를 원했다.
[정답] B

Часть III

문제 **30~44** [본문 해석]

[30] 나의 이름은 나따샤이다. 나는 여러분에게 나의(자신의) 남자친구에 대해서 이야기를 하고 싶다. 그의 이름은 쓰쩨빤이다.

Субтест 1. ЛЕКСИКА. ГРАММАТИКА (어휘·문법)

[31] 우리는 같은 동에서 살고 벌써 11년째 같은 학교에서 공부하고 있다.
[32] 어릴 적에 우리는 둘 다 의사가 되기를 원했었다.
[33~34] 최근 몇 년간 쓰쩨빤은 수학에 굉장한 흥미를 가졌고, 모스끄바 대학교 수학부에 입학하기를 원한다.
[35] 그는 이미 수학 경시 대회에 참가한 적이 있다.
[36] 그와 달리 나는 수학을 잘 못하지만 쓰쩨빤이 나를 도와준다.
[37] 두 달 후에 우리는 학교를 졸업할 것이다. 그래서 지금 우리는 벌써 마지막 시험을 준비하고 있다.
[38~40] 우리에게 거의 자유시간이 없지만 쓰쩨빤은 토요일마다 운동을 하려고 노력하기 때문에 (토요일마다) 축구를 한다.
[41] 그는 자주 나를 경기장으로 초대한다. 그러나 나는 축구에 대해 아무것도 이해하지 못하고 그것을(축구를) 좋아하지 않는다.
[42] 나는 기계 체조가 더 마음에 든다.
[43] 스쩨빤은 내 의견에 동의하지 않고 축구가 가장 좋은 운동이라 생각한다.
[44] 여름에 그는 월드컵이 열리는 한국으로 가기를 원한다.

30

рассказать + кому (3) + о ком-чём (6) ~에 대해 ~에게 이야기하다
동사 рассказать는 보어로 '여격 + о 전치격' 형태를 취하므로, 전치사 о와 전치격이 결합된 о своём друге가 적합하다.

[어휘] хочу 원하다 (хотеть동사의 1인칭 단수)
[해석] 나는 여러분에게 나의(자신의) 남자친구에 대해서 이야기를 하고 싶다.
[정답] А

31

жить + где (6) ~에 살다
동사 жить는 보충어로 전치격을 취한다. 따라서, 전치사 в와 전치격이 결합된 в одном доме가 적합하다.

[어휘] уже 벌써 / лет 해, 년(год의 복수 생격) / учиться 배우다
[해석] 우리는 같은 동에서 살고 벌써 11년째 같은 학교에서 공부하고 있다.
[정답] Г

32

стать + кем-чем (5) ~이 되다
보통 직업을 표현할 경우 'стать + 조격' 형태로 표현된다. 따라서, 빈 칸에는 복수 조격 형태인 врачами가 적합하다.

[어휘] детство 어린 시절 / оба 둘(모두)의, 쌍방의 / стать ~가 되다
[해석] 어릴 적에 우리는 둘 다 의사가 되기를 원했다.
[정답] Б

33

увлекаться + кем-чем (5) ~에 흥미를 가지다, 매력을 느끼다.
여성명사 математика의 조격형 математикой가 적합하다.

[어휘] последние годы 최근 몇 년간 / серьёзно 열심히, 진지하게 / математический факультет 수학부
[해석] 최근 몇 년간 쓰쩨빤은 수학에 굉장한 흥미를 가졌고, 모스끄바 대학교 수학부에 입학하기를 원한다.
[정답] В

34

특성, 소속 등은 생격으로 표현한다. 따라서 московский университет의 생격 형태인 московского университета가 적합하다.

[어휘] поступить на факультет 학부에 입학하다
[해석] 33번 참고
[정답] Г

35

участвовать + в чём (6) ~에 참가하다
동사 участвовать는 'в + 전치격' 형태를 보어로 취한다. 따라서 전치사 в와 전치격이 결합된 в математической олимпиаде가 적합하다.

[어휘] математический 수학의 / олимпиада 올림픽
[해석] 그는 이미 수학 경시 대회에 참가한 적이 있다
[정답] В

36

помогать + кому-чему (3) ~을 돕다
동사 помогать는 보어로 여격을 취한다. 따라서, 여격 형태인 мне가 적합하다.

[어휘] проблемы + с кем-чем (5) ~에 문제가 있다 / у меня же 나는 그와 달리
[해석] 그와 달리 나는 수학을 잘 못하지만 쓰쩨빤이 나를 도와준다.
[정답] Б

37

готовиться + к чему (3) ~을 준비하다, ~에 대비하다
동사 готовиться는 보어로 'к + 여격'을 취한다. 따라서, 전치사 к와 복수 여격이 결합된 к последним экзаменам이 적합하다.

[어휘] через ~후에 / месяц 월, 달 / заканчивать 마치다 / школа 학교(초,중,고등학교) / сейчас 지금
[해석] 두 달 후에 우리는 학교를 졸업할 것이다. 그래서 지금 우리는 이미 마지막 시험을 준비하고 있다.
[정답] А

38

нет кого-чего (2) ~이 없다

부정어 нет 다음에 명사는 항상 생격 형태가 온다. 그러므로 свободное время(여가 시간)의 생격 형태인 свободного времени가 적합하다.

*время의 격변화에 주의!

[어휘] почти 거의

[해석] 우리에게 거의 자유시간이 없지만 쓰쩨빤은 토요일마다 운동을 하려고 노력하기 때문에 (토요일마다) 축구를 한다.

[정답] Б

39

заниматься + чем (5) ~에 몰두하다, 종사하다

동사 заниматься 는 보어로 조격을 취하므로, спорт의 조격 형태인 спортом이 적합하다.

[어휘] по субботам 토요일마다 / стараться 노력하다 / заниматься спортом 운동하다

[해석] 38번 참고

[정답] В

40

играть + во что (4) ~ (운동을) 하다.

동사 играть는 보충어로 'в + 대격' 형태를 취하므로 в футбол이 적합하다.

[어휘] играть в футбол 축구하다 / играть в баскетбол 농구하다

[해석] 38번 참고

[정답] Г

41

приглашать кого (4) + куда (4) ~를 (어디로) 초대하다, 부르다

동사 приглашать는 보충어로 대격(장소)을 취한다. 따라서 전치사 на와 대격이 결합한 형태인 на стадион이 적합하다.

[어휘] часто 자주 / ничего не понимать 아무것도 이해할 수 없다

[해석] 그는 자주 나를 경기장으로 초대한다. 그러나 나는 축구에 대해 아무것도 이해하지 못하고 그것을 (축구를) 좋아하지 않는다.

[정답] Б

42

кому (3) нравится кто-что (1) ~에게 ~이 마음에 든다

동사 нравится에서 감정을 느끼는 주체는 여격으로 표현되고 대상은 주격이 되어야 한다. 따라서 주격 спортивная гимнастика가 적합하다.

[어휘] больше 더욱 (большой의 비교급)
[해석] 나에게는 기계 체조가 더 마음에 든다.
[정답] Г

43

соглашаться с кем-чем (5) ~와 동의하다, 찬성하다

동사 соглашаться는 보어로 'с + 조격' 형태를 취하므로, 전치사 с와 조격이 결합된 со мной가 적합하다.

[어휘] считать 생각하다 / лучший 가장 / лучший 더 좋은 (хороший 비교급) / вид спорта 스포츠의 종목
[해석] 스쩨빤은 내 의견에 동의하지 않고, 축구가 가장 좋은 운동이라 생각한다.
[정답] В

44

поехать + куда (4) ~로 출발하다

운동 동사 поехать의 운동 방향은 'в/на + 대격'으로 표현된다. 따라서, 전치사 в와 Южная Корея의 대격 형태인 в Южную Корею가 적합하다.

[어휘] летом 여름에 / мечтать 희망하다, 바라다 / чемпионат 챔피언 대회 / мир 세계
[해석] 여름에 그는 월드컵이 열리는 한국으로 가기를 원한다.
[정답] В

문제 45~59 [본문 해석]

[45] 올해 6월 모스끄바에서 청소년 국제 스포츠 대회가 열렸다.
[46~48] 14개국과 러시아의 각 지역에서 팀들이 왔다. 총 5800명의 17세 이하 청소년 선수들이 이 대회에 참가했다.
[49] 모든 경기는 모스끄바의 경기장에서 치러졌다.
[50] 러시아의 대학생들과 (초, 중, 고) 학생들이 주 관객이었다.
[51] 그들은 입장권을 무료로 받았다.
[52~53] 청소년 관객들은 경기 관람뿐만 아니라 문화 프로그램에도 참가할 수 있었다.
[54] 6월 22일 저녁 뽀끌론나야산에서 어린이 오케스트라단의 성대한 콘서트가 있었다.
[55] 6월 23일 낮에는 이즈마일롭스끼 공원에서 젊은이들의 즐거운 축제가 열렸다.
[56] 저녁에 젊은이들이 광장에 모였다.
[57~58] 여기에서 그들은 모스끄바 시장을 만나고 콘서트를 듣고, 그리고 오랫동안 모스끄바 밤거리를 산책했다.
[59] 모스끄바 시장은 우승자들에게 책과 선물을 주었다.

45

'~년 ~월에' 라는 표현에서 연도는 생격을 사용하므로 этот год의 생격 형태인 этого года가 적합하다.

> [보충학습]
> 의문사 когда에 대한 대답으로 자주 사용되는 시간 표현
> - 생격 표현 : Он родился 10 марта тысяча девятьсот восемьдесят пятого года.
> - 전치격 + 생격 표현 : В начале двадцатого века появилось телевидение.
> - 전치격 표현 : В две тысячи восьмом году он закончит университет.

[어휘] июнь 6월 / международный 국제적인 / спортивный 스포츠의, 운동경기의 / юношеский 청소년의 / игра 경기, 게임

[해석] 올해 6월 모스끄바에서 청소년 국제 스포츠 대회가 열렸다.

[정답] Б

46

의문사 откуда의 대답에는 'из/с + 생격' 형태로 답할 수 있다. 그러므로 разные районы России의 복수 생격과 전치사 из가 결합된 из разных районов России가 적합하다.

[어휘] команда 팀 / страна 나라 / разный 다양한 / район 지역 / всего 모두 / юный 청소년의

[해석] 14개국과 러시아의 각 지역에서 팀들이 왔다. 총 5800명의 17세 이하 청소년 선수들이 이 대회에 참가했다.

[정답] A

47

принять участие + в чём (6) ~에 참가하다

구문 принять участие는 보어로 'в + 전치격'의 형태를 취하므로, 전치사 в와 복수 전치격인 в этих играх가 적합하다.

[어휘] 46번 참고
[해석] 46번 참고
[정답] A

48

러시아어에서 나이 표현은 여격을 사용하므로 관계대명사 который의 복수 여격 형태인 которым이 적합하다.

[어휘] 46번 참고
[해석] 46번 참고
[정답] Б

49

был/была/были + где (6) ~에 있었다

동사 быть의 과거형은 'в/на + 전치격'과 함께 '~에 있었다'라는 의미를 만든다. 따라서 전치사 на와

московский стадион의 복수 전치격이 결합된 на московских стадионах가 적합하다.

[어휘] все 모든 / соревнование 시합, 경기
[해석] 모든 경기는 모스끄바의 경기장에서 치러졌다.
[정답] В

50

стать + кем (5) ~이 되다

동사 стать는 보어로 조격을 취하므로, главный зритель의 복수 조격 형태인 главными зрителями가 적합하다.

[어휘] российский 러시아의 / школьники (초,중,고) 학생들
[해석] 러시아의 대학생들과 (초,중,고) 학생들이 주 관객이었다.
[정답] В

51

получить + что (4) ~을 받다

동사 получить는 목적어로 대격을 취하므로, 대격 형태인 входные билеты(입장권)가 적합하다.

[보충학습]
명사 복수의 대격 어미는 활동체인지 비활동체인지에 따라 달라진다.
활동체 명사의 대격은 생격과, 비활동체 명사는 주격과 어미 형태가 같다.

[어휘] бесплатно 무료로
[해석] 그들은 입장권을 무료로 받았다.
[정답] Б

52

посмотреть + кого-что (4) ~을 보다

동사 посмотреть는 대격과 결합하여 사용하므로 복수 대격 형태인 спортивные соревнования가 적합하다.

[어휘] юный 청소년의 / спортивный 스포츠의
[해석] 청소년 관객들은 경기 관람뿐만 아니라 문화 프로그램에도 참가할 수 있었다.
[정답] А

53

поучаствовать + в чём (6) ~에 참가하다

동사 поучаствовать는 보어로 'в + 전치격' 형태를 취하므로, 전치사 в와 культурная программа의 전치격 형태가 결합된 в культурной программе가 적합하다.

[어휘] 52번 참고
[해석] 52번 참고
[정답] В

54

동사 пройти와 결합하여 완전한 문장을 만들 수 있는 주어의 자리가 비어 있다. 그러므로 주격 형태인 большой концерт가 적합하다.

[어휘] гора 산 / пройти 진행되다
[해석] 6월 22일 저녁 뽀끌론나야산에서 어린이 오케스트라단의 성대한 콘서트가 있었다.
[정답] Б

55

состояться + где (6) ~에서 개최되다

[어휘] весёлый 즐거운 / молодёжный 젊은 사람들의 / праздник 축제
[해석] 6월 23일 낮에는 이즈마일롭스끼 공원에서 젊은이들의 즐거운 축제가 열렸다.
[정답] В

56

주어의 자리가 비어 있으므로 동사 собраться와 결합하여 완전한 문장을 만들 수 있는 주격 형태인 молодые люди가 적합하다.

[어휘] вечером 저녁에
[해석] 저녁에 젊은이들이 광장에 모였다.
[정답] А

57

встретиться + с кем (5) ~와 만나다

동사 встретиться는 보어로 'с + 조격' 형태를 취하므로, 전치사 с와 조격 형태가 결합된 с московским мэром이 적합하다.

[어휘] мэр 시장 / послушать 듣다 / концерт 콘서트 / гулять 산책하다
[해석] 여기에서 그들은 모스끄바 시장을 만나고, 콘서트를 듣고, 그리고 오랫동안 모스끄바 밤거리를 산책했다.
[정답] А

58

гулять + по чему (3) ~을 따라 산책하다

동사 гулять는 보충어로 'по + 여격' 형태를 취할 수 있으므로 전치사 по와 여격 형태가 결합된 по ночной Москве가 적합하다.

[어휘] 57번 참고
[해석] 57번 참고
[정답] Б

59

подарить кому (3) + кого-что (4) ~에게 ~을 선물하다
동사 подарить는 보충어로 여격을 취할 수 있으므로, чемпион의 복수 여격 чемпионам이 적합하다.

[어휘] подарить 선물을 주다 / подарок 선물
[해석] 모스끄바 시장은 우승자들에게 책고 선물을 주었다.
[정답] Б

Часть IV

문제 60~71 [본문 해석]

[60] 8월 15일 아침에 우리는 모스끄바에 도착했다.
[61~63] 우리가 기차에서 나와 기차역으로 들어갔을 때, 역에서 우리를 마중 나온 우리들의 친구가 우리에게 다가왔다.
[64] 그와 함께 우리는 버스를 타고 호텔로 출발했다.
[65] 30분 후, 우리는 호텔에 거의 도착했다.
[66~68] 우리는 버스에서 나와서 호텔로 들어갔고 거기에 각자의 물건들을 두고, 그리고 도시를 구경하러 갔다. 모스끄바는 매우 우리 마음에 들었다.
[69] 저녁에 우리에게 손님이 왔다. 우리는 이야기하고, 노래 부르고, 춤을 추었다.
[70] 손님은 우리에게서 늦게 떠났다.
[71] 그렇게 모스끄바에서 우리의 첫날이 지났다.

60

운동 동사 приехать에서 접두사 при-는 도착을 의미한다. 따라서, 동사 приехать는 교통 수단을 이용하여 도착한다는 의미이고, 동사 прийти는 걸어서 도착한다는 의미이기 때문에 приехать가 정답이다.

[어휘] утром 아침에 / август 8월
[해석] 8월 15일 아침에 우리는 모스끄바에 도착했다.
[정답] Б

61

выйти + из чего (2) ~로부터 나오다
동사 выйти에서 접두사 вы-는 안에서 밖으로 나오는 운동을 의미하므로, 과거시제 복수형 вышли가 적합하다.

[어휘] когда ~때, ~시 / из ~에서부터 / поезд 기차
[해석] 우리가 기차에서 나와 기차역으로 들어갔을 때, 역에서 우리를 마중 나온 우리들의 친구가 우리에게 다가왔다.
[정답] В

62

войти + во что (4) ~로 들어가다
동사 войти에서 접두사 в-는 밖에서 안으로 들어가는 의미를 갖는다. 따라서, 과거시제 복수형 вошли가 적합하다.

[어휘] здание 건물 / вокзал (기차)역
[해석] 61번 참고
[정답] А

63

подойти + к кому–чему (3) ~로 다가가다, 접근하다
동사 подойти에서 접두사 под-는 다가감 또는 접근을 의미한다. 따라서 과거시제 남성형 подошёл이 적합하다.

[어휘] встречать 만나다, 마중하다
[해석] 61번 참고
[정답] Б

64

поехать + на чём (6) ~을 타고 가다
교통 수단을 표현할 경우 동사 ехать/ездить와 'на + 전치격' 형태가 결합되어 사용된다.

[어휘] вместе с ним 그와 함께 / гостиница 호텔
[해석] 그와 함께 우리는 버스를 타고 호텔로 출발했다
[정답] А

65

подъехать + к кому–чему (3) ~로 다가가다, 접근하다
동사 подъехать에서 접두사 под-는 다가감 또는 접근을 의미한다. 따라서 과거시제 남성형 подошёл이 적합하다.

[어휘] через 후에
[해석] 30분 후, 우리는 호텔에 거의 도착했다.
[정답] В

66

выйти + из чего (2) ~로부터 나오다
동사 выйти에서 접두사 вы-는 안에서 밖으로 나오는 운동의 의미를 갖는다. 따라서, 과거시제 복수형 вышли가 적합하다.

[어휘] автобус 버스 / оставить 남겨두다 / вещи 물건들 / осматривать ~을 둘러보다
[해석] 우리는 버스에서 나와서 호텔로 들어갔고 거기에 각자의 물건들을 두고, 그리고 도시를 구경하러 갔다.

[정답] В

67

войти + во что (4)　~로 들어가다

동사 войти에서 접두사 в-는 밖에서 안으로 들어가는 운동의 의미를 갖는다. 따라서, 과거시제 복수형 вошли가 적합하다.

[어휘]　66번 참고
[해석]　66번 참고
[정답]　Б

68

동사 пойти에서 접두사 по-는 행위의 시작을 나타낸다. 어떠한 행위가 끝나고 그 다음 바로 뒤따르는 운동을 나타낼 경우 사용된다.

[어휘]　66번 참고
[해석]　66번 참고
[정답]　Б

69

прийти + к кому-чему (3)　~에 도착하다. ~에 오다

동사 прийти에서 접두사 при-는 도착을 의미하므로 과거시제 복수형 пришли가 적합하다.

[어휘]　гости 손님 / нам 인칭 대명사 (мы의 여격 형태)
[해석]　저녁에 우리에게 손님이 왔다.
[정답]　В

70

уйти + от кого-чего (2)　~로부터 떠나다

동사 уйти에서 접두사 у-는 떠남을 의미하므로 과거 복수형 ушли가 적합하다.

[어휘]　поздно 늦게
[해석]　손님은 우리에게서 늦게 떠났다.
[정답]　А

71

прошёл день　하루가 지났다

동사 пройти에서 접두사 про-는 사물의 통과 또는 시간의 흐름을 의미하므로 고-거시제 남성형 прошёл이 적합하다.

[어휘] первый 첫번째
[해석] 그렇게 모스끄바에서 우리의 첫 날이 지났다.
[정답] B

문제 72~84 [본문 해석]

[72~73] «Известия»지의 취재기자는 젊은 테니스 선수 디나라 사피나에게 인터뷰를 부탁했고 디나라는 기꺼이 동의했다.
[74] 그녀는 8살에 테니스를 치기 시작했다고 이야기했다.
[75] 그녀는 쉽게 스포츠 종목을 선택했다. 왜냐하면 그녀의 가족은 모두 테니스를 쳤기 때문이다: 엄마도 아버지도 오빠도.
[76] 디나라는 엄마와 함께 처음 코트장에 와서 테니스 라켓을 잡은 날을 기억한다. 그때부터 디나라는 테니스를 치고 있다.
[77~78] 디나라 사피나는 벌써 여러 번 청소년 대회에 참가했었고 얼마전 16살이 되어 지금은 벌써 그녀를 성인 대회에 초청한다.
– 디나라! 당신의 오빠이자 유명한 테니스 선수 마라트 사핀은 코트장에서 당신을 많이 도와줍니까?
[79] 기자가 질문했다.
– 안타깝게도, 도와주지 않습니다. 그는 매우 바쁩니다. 매일 연습을 합니다.
[80] 디나라가 대답했다. 지금 사피나 가족은 스페인에 살고 있다.
[81] 디나라는 스페인어를 배우기 시작했다.
[82] 그녀는 자유자재로 스페인어를 말하고 싶어한다.
[83] 디나라의 엄마는 그녀가 좋은 교육을 받기를 원한다.
[84] 물론, 디나라는 일반 학교에서 공부할 수 없기 때문에 집에서 선생님과 공부하고 3개월 후에 모스끄바에서 시험을 볼 것이다.

72

дать(완료상) – давать(불완료상) 주다
문맥상 완료상 동사 попросить와 연결되어 있으므로 1회성을 나타내는 완료상 동사 дать가 적합하다.

[어휘] корреспондент 취재 기자 / попросить 부탁하다 / любезно 친절하게 / дать интервью 인터뷰에 응하다 / брать интервью 인터뷰하다
[해석] «Известия»지의 취재기자는 젊은 테니스 선수 디나라 사피나에게 인터뷰를 부탁했고 디나라는 기꺼이 동의했다.
[정답] A

73

согласиться(완료상) – соглашаться(불완료상) 동의하다
문맥상 완료상 동사 попросить와 연결되어 있으므로 일회성을 나타내는 완료상 동사의 과거형 согласилась가 적합하다.

[어휘] 72번 참고

[해석] 72번 참고
[정답] Б

74

начать(완료상) – начинать(불완료상) 시작하다
결과를 나타내는 완료상 동사의 과거형 начала가 적합하다.

[어휘] играть в теннис 테니스 치다 / восемь лет 8살
[해석] 그녀는 8살에 테니스를 치기 시작했다고 이야기했다.
[정답] В

75

выбрать(완료상) – выбирать(불완료상) 선택하다
부사 недолго는 불완료상 동사만 취하므로, 불완료상 동사의 과거형 выбирала가 적합하다.

[어휘] вид 종류 / так как 왜냐하면
[해석] 그녀는 쉽게 스포츠 종목을 선택했다. 왜냐하면 그녀의 가족은 모두 테니스를 쳤기 때문이다: 엄마도 아버지도 오빠도.
[정답] А

76

взять(완료상) – брать(불완료상) 잡다
일회성 행동이므로 완료상 동사의 과거형 взяла가 적합하다.

[어휘] впервые 처음에 / корт 코트 / ракетка 라켓 / с тех пор 그때부터
[해석] 디나라는 엄마와 함께 처음 코트장에 와서 테니스 라켓을 잡은 날을 기억한다. 그때부터 디나라는 테니스를 치고 있다.
[정답] В

77

выступить(완료상) – выступать(불완료상) 참가하다, 출연하다
부사 много раз (여러 번)에 의해서 불완료상 동사만 올 수 있다.

[어휘] молодёжный 청소년의, 젊은 / турнир 대회
[해석] 디나라 사피나는 벌써 여러 번 청소년 대회에 참가했었고 얼마전 16살이 되어 지금은 벌써 그녀를 성인 대회에 초청한다.
[정답] Б

78

пригласить(완료상) – приглашать(불완료상) 초대하다.
문맥상 결과를 나타내고 있으므로 완료상 동사의 과거형 пригласили가 적합하다.

[어휘] 77번 참고
[해석] 77번 참고
[정답] А

79

спросить(완료상) – спрашивать(불완료상) 질문하다
문맥상 결과를 나타내고 있으므로 완료상 동사의 과거형 спросил이 적합하다.

[어휘] журналист 기자
[해석] 기자가 질문했다.
[정답] Б

> [보충학습]
> 해석으로 완료상 동사와 불완료상 동사를 쉽게 구별할 수 있다.
> 완료형 : Он спросил. (그는 질문했다.)
> 불완료형 : Он спрашивал. (그는 질문하고 있었다.)

80

ответить(완료상) – отвечать(불완료상) 대답하다
문맥상 결과를 나타내고 있으므로 완료상 동사의 과거시제 여성형 ответила가 적합하다.
[해석] 디나라가 대답했다.
[정답] А

81

изучить(완료상) – изучать(불완료상) 공부하다
동사 начать(시작하다)는 항상 불완료상 동사와 함께 사용된다.

[어휘] испанский язык 스페인어
[해석] 디나라는 스페인어를 배우기 시작했다.
[정답] В

82

говорить по-испански 스페인어로 말하다

[어휘] свободно 자유롭게
[해석] 그녀는 자유자재로 스페인어를 말하고 싶어한다.
[정답] Б

83

получить(완료상) – получать(불완료상) 받다

문맥상 결과를 나타내므로 완료상 동사인 получить가 적합하다.
주문장의 주어는 мама이고 чтобы이하 증속절의 주어는 дочь이므로 종속절의 동사는 반드시 과거시제로 쓰여야 한다.

[어휘] хорошее образование 좋은 교육
[해석] 디나라의 엄마는 그녀가 좋은 교육을 받기를 원한다.
[정답] A

84

через 3 месяца(3달 후에)로 인해 문장에서 시제는 미래가 됨을 알 수 있다.

[어휘] через 후에 / обычная школа 일반 학교
[해석] 물론, 디나라는 일반 학교에서 공부할 수 없기 때문에 집에서 선생님과 공부하고 3개월 후에 모스끄바에서 시험을 볼 것이다.
[정답] B

Часть V

(문제 85~100) 보기에서 정답을 고르세요.

85

보기의 의미는 다음과 같다.
(А) 2 часа 2시간 동안
(Б) через 2 часа 2시간 후에
(В) в 2 часа 2시에
(Г) 2 часа назад 2시간 전에

[어휘] каждый день 매일 / занятие 수업 / школа (초,중,고) 학교 / кончаться 마치다, 끝나다
[해석] 매일 학교에서 수업이 2시에 끝난다.
[정답] B

86

85번 참고

[어휘] после ~후에 / обязательно 꼭, 반드시 / должен ~해야 한다 / заниматься спортом 운동하다 / отдохнуть 휴식하다
[해석] 수업 후에 저학년 학생들은 휴식을 위해 꼭 2시간 정도 산책을 하거나 운동을 해야 한다.
[정답] A

87

보기의 의미는 다음과 같다.
(А) до каникул 방학 전까지
(Б) во время каникул 방학 때
(В) после каникул 방학 후에
(Г) на каникулы 방학에

[어휘] познакомиться 인사를 나누다, 알게 되다 / море 바다
[해석] 안드레이와 나따샤는 방학 때 바닷가에서 인사를 나누었다.
[정답] Б

88

после каникул 방학 후에

[어휘] договориться 약속하다, 합의하다 / вернуться 돌아오다
[해석] 그들은 방학 후, 집으로 돌아왔을 때 자신의 친구 집에서 만나기로 약속했다.
[정답] В

89

보기의 의미는 다음과 같다.
(А) тоже 역시, 또한
(Б) а 그런데, 반면에
(В) но 그러나
(Г) и 그리고
접속사 а는 대상을 비교할 경우 사용된다.

[어휘] летом 여름에 / отдыхать 휴식하다 / море 바다 / подруга 여자친구
[해석] 여름에 나는 바닷가에서 휴식했다. 그런데 나의 여자친구는 시베리아 바이깔에서 휴식했다.
[정답] Б

90

89번 참고

[어휘] в следующем году 내년에
[해석] 내년에 나 또한 바이깔에 가고 싶다.
[정답] А

91

빈 칸에 들어갈 수 있는 것은 проекта이므로 이를 대체할 수 있는 관계대명사는 생격 형태인 которого이다.

[어휘] проект 설계, 기획 / часть 부분

[해석] 모스끄바에서 «Стань звездой»라는 기획의 첫 부분이 시작되었다
[정답] Б

92

빈 칸에 들어갈 수 있는 것은 конкурс이므로 이를 대체할 수 있는 관계대명사는 주격 형태인 который이다.

[어휘] конкурс 대회 / продолжаться 계속되다
[해석] 이 대회는 4개월 동안 진행될 것이다.
[정답] А

93

빈 칸에 들어갈 수 있는 것은 в городах이므로 이를 대체할 수 있는 관계대명사는 복수 전치격 형태인 в которых 이다.

[어휘] искать 찾다 / самый 가장 / талантливый 재능있는 / уметь ~할 능력이 있다
[해석] 많은 텔레비전 기자들이 러시아 여러 도시를 다녀왔는데, 그들은 각 도시에서 노래를 잘하고 춤을 잘 추는 최고의 재능을 가진 젊은이들을 찾아 다녔다.
[정답] Г

94

빈 칸에 들어갈 수 있는 것은 молодые люди이므로 이를 대체할 수 있는 관계대명사는 복수 주격 형태인 которые이다.

[어휘] 93번 참고
[해석] 93번 참고
[정답] А

95

빈 칸에 들어갈 수 있는 것은 группа이므로 이를 대체할 수 있는 관계대명사는 여성 주격 형태인 которая이다.

[어휘] конкурс 대회 / войти в состав 구성원이 되다
[해석] 대회의 우승자들은 Warner Music사에서 자신의 새로운 노래를 녹음할 팝 그룹을 결성할 것이다.
[정답] А

96

빈 칸에 들어갈 수 있는 것은 фирму이므로 이를 대체할 수 있는 관계대명사는 여성 대격 형태인 которую이다.

[어휘] заключить контракт 계약을 맺다
[해석] 전 세계적으로 유명한 회사는 새로운 팝그룹과 4년 예정으로 계약을 맺을 것이다.
[정답] В

97

보기의 의미는 다음과 같다
(A) поэтому 그래서
(Б) где (접속어) 어디
(B) если 만약
(Г) ли ~인지

[어휘] пирожное 조각 케익
[해석] 만약 당신이 초코릿과 케익들을 좋아한다면, 당신은 국제 케익 페스티발이 열리는 첼랴빈스크로 갈 수 있다.
[정답] B

98

문맥상 첼랴빈스크가 어떠한 장소임을 나타낼 수 있는 접속어 где가 필요하다.

[어휘] 97번 참고
[해석] 97번 참고
[정답] Б

99

보기의 의미는 다음과 같다
(A) потому что 왜냐하면
(Б) что (접속어) 무엇
(B) чтобы ~하기 위해
(Г) как 어떻게
동사 хотеть 다음에는 희망, 바람을 의미하는 접속사 чтобы가 적합하다.

[어휘] бесплатный 무료 / организатор 주최측 / желающие 희망자들
[해석] 이것은 누구나 참가할 수 있는 무료 페스티발이다. 페스티발 주최측은 희망자 모두가 올 수 있기를 원한다. 심사위원단은 러시아인들이 우승자가 되기를 바란다.
[정답] B

100

надеятся (на то), что~ ~이기를 바라다.

[어휘] 99번 참고
[해석] 99번 참고
[정답] Б

Субтест 2. АУДИРОВАНИЕ (듣기)

〈테스트 중 지켜야 할 사항〉

- 시험 시간은 30분입니다.
- 시험은 다섯 부분으로 이루어져 있으며 총 30문제입니다.
- 시험 중 사전을 이용할 수 없습니다.
- 문장 혹은 대화를 들은 후 문제를 풀어야 합니다. 정답이 되는 알파벳을 골라 답안지에 표시하세요.

예를 들면 :

| А | Ⓑ | В | Г | (Б – 정답)

답을 수정할 경우, 아래와 같이 고치세요.

| А | Ⓑ | ⊠ | Г | (В – 오답, Б – 정답)

- 모든 본문은 두 번씩 들려줍니다.

Часть I

Задания 1—5. Прослушайте сообщения. Выберите из трёх вариантов (А, Б, В) тот, который по смыслу соответствует услышанному сообщению.

(문제 1~5) 다음 내용을 들으세요. 보기 А, Б, В 중에서 들은 내용과 일치하는 문장을 선택하세요.

1. Ещё в школе Ирина с большим интересом занималась физикой.

(А) Ирина стала интересоваться физикой и биологией ещё в школе.
(Б) В школьные годы Ирину особенно интересовала физика.
(В) Физика никогда не была любимым предметом Ирины.

학교 시절부터 이미 이리나는 아주 흥미롭게 물리를 공부했다.

(А) 이리나는 학교에서 물리와 생물에 관심을 가지게 되었다.
(Б) 학교 시절 이리나는 특히 물리를 흥미로워 했다.
(В) 물리는 한번도 이리나가 좋아하는 과목이었던 적이 없다.

[어휘]
заниматься + чем (5) ~을 하다, 열중하다 / интерес 흥미 / физика 물리학 / особенно 특히 / любимый 좋아하는 / предмет 과목 / никогда не + (동사) 한번도 ~한 적이 없다

[정답] Б

2. Туристы с интересом слушали рассказ экскурсовода о старинном русском городе на Волге.

   (А) С большим вниманием группа слушала рассказ экскурсовода о строительстве нового города на Волге.
   (Б) Туристы попросили экскурсовода рассказать о старинном русском городе на Волге.
   (В) Особенно внимательно туристы слушали экскурсовода, когда он рассказывал о старинном русском городе на Волге.

> 관광객들은 볼가강변의 오래된 러시아 도시에 대한 가이드의 이야기를 흥미롭게 들었다.
> (А) 그룹은 볼가강변의 새로운 도시 건설에 대한 가이드의 이야기를 아주 집중해서 들었다.
> (Б) 여행객들은 가이드에게 볼가강변에 있는 오래된 러시아 도시에 대해 이야기해달라고 부탁했다.
> (В) 가이드가 볼가강변에 있는 오래된 러시아 도시에 대해 이야기할 때 여행객들은 특히 주의깊게 들었다.
>
> [어휘]
> турист 여행객 / рассказ 이야기 / экскурсовод 가이드 / строительство 건설 / слушать 듣다
> [정답] В

3. Сейчас компьютерные игры очень нравятся взрослым и детям.

   (А) В настоящее время взрослые и дети очень увлекаются играми на компьютере.
   (Б) Раньше компьютерные игры интересовали только взрослых.
   (В) Сейчас компьютерные игры отнимают много времени у детей.

> 요즘 성인과 어린이들은 컴퓨터 게임을 아주 좋아한다.
> (А) 요즘 성인과 아이들은 컴퓨터 게임을 매우 즐긴다.
> (Б) 예전에 컴퓨터 게임은 오로지 성인들만 흥미를 가졌었다.
> (В) 요즘 컴퓨터 게임이 아이들의 시간을 많이 뺏는다.
>
> [어휘]
> компьютерные игры 컴퓨터 게임 / взрослые 성인 / в настоящее время 요즘 / увлекаться + чем (5) ~에 매력을 느끼다 / отнимать 빼앗다
> [정답] А

4. А сейчас прослушайте прогноз погоды на завтра, воскресенье, 25 сентября.

   (А) Вы прослушали прогноз погоды на сегодня 25 сентября.
   (Б) Мы познакомим вас с информацией о погоде на завтра, 25 сентября, воскресенье.
   (В) А сейчас послушайте, какая погода будет в субботу и в воскресенье.

이제, 내일 9월 25일 일요일의 일기 예보를 들으세요.

(А) 당신은 9월 25일, 오늘의 일기예보를 들었습니다.
(Б) 우리는 당신에게 9월 25일 일요일, 내일 날씨에 관한 정보를 알립니다.
(В) 이제 토요일과 일요일의 날씨에 대해서 들으세요.

[어휘]
прогноз погоды 일기 예보 / воскресенье 일요일 / сентябрь 9월 / информация 정보 / суббота 토요일
[정답]　Б

5. Новая телевизионная программа для молодёжи начинает свою работу регулярно по вторникам и субботам.

   (А) Каждый вторник и субботу можно будет посмотреть новую телевизионную программу для молодёжи.
   (Б) Во вторник и субботу продолжает свою работу телевизионная программа для молодёжи.
   (В) Новая телевизионная программа для детей начинает свою работу в воскресенье.

청소년을 위한 새로운 TV 프로그램이 화요일과 토요일마다 정기적으로 방송을 시작한다.

(А) 매주 화요일과 토요일에 청소년을 위한 새로운 TV 프로그램을 볼 수 있을 것이다.
(Б) 화요일과 토요일에 청소년을 위한 TV 프로그램이 계속 방송된다.
(В) 아이들을 위한 새로운 TV 프로그램이 일요일에 시작된다.

[어휘]
телевизионная программа 텔레비전 프로그램 / молодёжь 젊은이, 청소년 / начинать 시작하다 / регулярно 정기적으로 / можно ~할 수 있다
[정답]　А

Часть II

Задания 6—10. **Прослушайте диалоги и выполните задания к ним. Вам нужно понять тему диалогов.**

(문제 6-10) 대화를 듣고 빈 칸에 들어갈 답을 고르세요. 대화의 주제를 파악하는 문제입니다.

6. — Ты учишься в Московском университете? Когда у вас бывают каникулы?
— Зимой каникулы начинаются после экзаменов, в январе, а летние каникулы начинаются в июле.
— Как интересно! А в нашем университете зимние каникулы начинаются в декабре, до экзамена, а летние — только в августе.

Слушайте диалог ещё раз.

Они говорили…　　　　(А) об университетах
　　　　　　　　　　(Б) о каникулах
　　　　　　　　　　(В) об экзаменах

- 너는 모스끄바 대학교에서 공부하니? 너희는 언제 방학이니?
- 겨울 방학은 시험 후, 1월에 시작되고, 여름 방학은 6월에 시작돼.
- 흥미롭군! 우리 대학교의 겨울 방학은 시험 전, 12월에 시작되고 여름 방학은 8월에 겨우 시작되는데.

그들은 .... 이야기했다.
(А) 대학교에 대해
(Б) 방학에 대해
(В) 시험에 대해

[어휘]
каникулы 방학 / зимой 겨울에 / после ~후에 / летние каникулы 여름방학 / зимние каникулы 겨울 방학

[정답]　Б

---

7. — Нина, тебе нравятся русские фильмы?
— Да, особенно мне нравятся фильмы по романам русских писателей. Например, «Анна Каренина» по Толстому или «Братья Карамазовы» по Достоевскому.
— О, я тоже очень люблю эти фильмы, в них много человеческой психологии, это интересно. Но иногда я с удовольствием смотрю американские фильмы, в которых много динамики и движения.

Слушайте диалог ещё раз.

Они говорили…　　　　(А) о русских писателях
　　　　　　　　　　(Б) об американских романах
　　　　　　　　　　(В) о русских фильмах

– 니나, 너는 러시아 영화가 마음에 드니?
– 응, 러시아 작가의 소설을 영화로 만든 것이 특히 마음에 들어. 예를 들면, 똘스또이의 '안나 까레리나'나 도스또예프스끼의 '까라마조프가의 형제들' 말이야.
– 오, 나도 그 영화들을 매우 좋아해. 거기엔 인간의 심리적인 부분이 많이 나오는데, 이게 흥미롭거든. 하지만 나는 가끔 역동적인 미국 액션 영화를 기꺼이 보기도 해!

그들은 .... 이야기했다.

(А) 러시아 작가에 대해
(Б) 미국 소설에 대해
(В) 러시아 영화에 대해

[어휘]
фильм 영화 / роман 소설 / писатель 작가 / например 예를 들면 / человеческий 인간의 / психология 심리학 / с удовольствием 기꺼이 / динамика 액션 / движение 활동, 움직임

[정답] В

8. — Здравствуй, Маша!
— Добрый день, Сергей!
— Я хочу пригласить тебя на свой день рождения.
— С удовольствием приду. Я слышала, что у тебя в среду день рождения.
— Да, но в среду у меня баскетбол, поэтому я решил собрать друзей в пятницу.
— А где?
— Ещё не решил, дома или в ресторане.

Слушайте диалог ещё раз.

Они говорили…

(А) о дне рождения
(Б) о ресторане
(В) о баскетболе

– 안녕, 마샤!
– 안녕! 세르게이!
– 너를 내 생일에 초대하고 싶어.
– 기꺼이 갈게! 수요일이 네 생일이라고 들었는데?
– 응, 하지만 수요일에는 농구를 하기로 해서 금요일에 친구들과 모이기로 했어.
– 어디에서?
– 집 아니면 레스토랑에서 모일거야. 하지만 아직 결정을 못했어.

그들은 .... 이야기했다.

(А) 생일에 대해
(Б) 레스토랑에 대해
(В) 농구에 대해

[어휘]
пригласить 초대하다 / день рождения 생일 / среда 수요일 / баскетбол 농구 / поэтому 그래서 / решить 결정하다 / собрать 모으다 / друзья 친구 / дома 집에서

[정답] А

9. — Какая хорошая погода сегодня!
— Да, а вот вчера мне звонили из Владивостока, сказали, что у них весь месяц идут дожди и холодно.
— Пригласите их отдыхать к нам. Погода стоит чудесная. Можно купаться в море и загорать.

Слушайте диалог ещё раз.

Они говорили…   (А) о море
                                (Б) об отдыхе
                                  (В) о погоде

- 오늘 날씨가 정말 좋네요!
- 그래요. 어제 블라디보스톡에서 전화가 왔는데, (거기는) 한 달 내내 비가 오고 날씨가 춥다고 해요.
- 그들을 여기로 초대하세요. 날씨가 환상적이잖아요. 바다에서 해수욕과 일광욕을 할 수도 있어요.

그들은 ……………… 이야기했다.
(A) 바다에 대해
(Б) 휴가에 대해
(B) 날씨에 대해

[어휘]
погода 날씨 / звонить 전화하다 / весь 모든 / месяц 달 / купаться 해수욕하다 / загорать 일광욕하다
[정답] B

10. — Нина, где ты будешь встречать Новый год?
— Конечно, дома, в семье. Вот иду покупать подарки.
— Да, это всегда проблема. Хочется купить подарок, который понравится человеку.
— Хорошо, что у меня небольшая семья. Маме я куплю духи, папе галстук, а брату — новую компьютерную игру.
— Отлично.

Слушайте диалог ещё раз.

Они говорили…   (А) о подарках
                                      (Б) о семье
                                      (В) о Новом годе

- 니나, 너는 새해를 어디에서 맞이할 거야?
- 물론, 집에서 가족과 함께 보낼거야. 선물을 사러 가야해.
- 응, 이게 항상 문제야. 사람들 마음에 드는 선물을 사고 싶거든.
- 나의 가족이 많지 않은 것이 다행이야. 엄마에게 향수를 사고, 아빠에게 넥타이를 사고, 남자형제에게 새로운 컴퓨터 게임을 사줄거야.

– 멋지다.

그들은 .... 이야기했다.
(А) 선물에 대해
(Б) 가족에 대해
(В) 새해에 대해

[어휘]
Новый год 새해 / встречать 맞이하다, 만나다 / конечно 물론, 당연히 / подарок 선물 / небольшой 크지 않은 / духи 향수 / галстук 넥타이
[정답] А

Часть III

Задания 11—15. Прослушайте диалоги и ответьте на вопрос к каждому из них.

(문제 11~15) 대화를 듣고 각각의 질문에 대답하세요.

11. Скажите, когда начинается сеанс?

— Анна быстрей, быстрей! Мы уже опаздываем.
— Когда начинается сеанс?
— В 11.45, а сейчас уже половина двенадцатого.
— Но раньше ты говорил, что сеанс в 12.15. Я думала, что у нас ещё есть время.

Слушайте диалог ещё раз. Когда начинается сеанс?

(А) в 11.45
(Б) в 12.15
(В) в 11.30

언제 공연이 시작됩니까?

- 안나, 빨리 빨리해! 벌써 늦었어.
- 언제 공연이 시작되니?
- 11시 45분에, 그런데 이미 11시 30분이야.
- 하지만 전에는 공연이 12시 15분이라고 했잖아. 난 아직 시간이 있다고 생각했어.

대화를 다시 한 번 들으세요. 언제 공연이 시작됩니까?

(А) 11시 45분에
(Б) 12시 15분에
(В) 11시 30분에

[어휘]
опаздывать 지각하다 / сеанс 1회분의 공연(그 1회의 시간) / половина 반, 절반 / время 시간
[정답] A

---

12. Скажите, где находится библиотека?

— Скажите, пожалуйста, где находится библиотека? Мне сказали, что нужно подняться на третий этаж.
— Нет, нет, библиотека на втором этаже, а на первом находится читальный зал.
— Спасибо.

Слушайте диалог ещё раз. Где находится библиотека?

Библиотека находится…　　(А) на первом этаже
　　　　　　　　　　　　(Б) на втором этаже
　　　　　　　　　　　　(В) на третьем этаже

도서관은 어디에 있습니까?

- 도서관이 어디에 있습니까? 3층으로 올라가야 한다고 하던데요.
- 아니요, 아니요. 도서관은 2층에 있고, 열람실은 1층에 있어요.
- 고맙습니다.

대화를 다시 한 번 들으세요. 도서관은 어디에 있습니까?

도서관은 ……. 위치하고 있습니다.
(A) 1층에
(Б) 2층에
(B) 3층에

[어휘]
находиться ~에 위치하다 / библиотека 도서관 / подняться 오르다 / третий 3번째 / этаж 층
[정답]　Б

---

13. Скажите, сколько человек было на экскурсии?

— Хорошая была экскурсия? Много студентов пришло на экскурсию?
— Да, были две группы, всего 19 человек.
— А в прошлый раз было меньше, только 12 человек.

Слушайте диалог ещё раз. Сколько человек было на экскурсии?

На экскурсии было…　　(А) немного студентов
　　　　　　　　　　　(Б) 12 человек
　　　　　　　　　　　(В) 19 человек

견학에 몇 명이 왔습니까?

- 견학은 좋았어? 학생들이 많이 왔어?
- 응, 두 그룹으로 총 19명이 왔어.
- 지난 견학에는 더 적었어. 12명만 왔었어.

대화를 다시 한 번 들으세요. 몇 명이 견학에 왔습니까?

견학에 ………이 왔다.
(А) 적은 학생
(Б) 12명이
(В) 19명이

[어휘]
всего 총, 모두 / прошлый раз 지난 번 / меньше 더 적게
[정답]　В

14. Скажите, что будет делать Виктор завтра?

— Алло! Анна Ивановна, здравствуйте. А Виктор дома?
— Здравствуй, Миша. Виктора нет дома, он уехал кататься на велосипеде.
— А вы не знаете, он пойдет завтра в бассейн?
— Думаю, нет. Он говорил, что завтра у него футбольный матч.

Слушайте диалог ещё раз. Что будет делать Виктор завтра?

Завтра Виктор пойдёт…　(А) в бассейн
　　　　　　　　　　　(Б) на стадион
　　　　　　　　　　　(В) на велотрек

내일 빅또르는 무엇을 합니까?

- 여보세요! 안나 이바노브나, 안녕하세요. 빅또르 집에 있습니까?
- 안녕! 미샤. 빅또르는 집에 없어, 자전거 타러 나갔어.
- 그가 내일 수영장에 가는지 혹시 모르세요?
- 내 생각에 가지 않을 것 같아. 내일 축구경기가 있다고 말했어.

대화를 다시 한 번 들으세요. 빅또르는 내일 무엇을 합니까?

내일 빅또르는 …………… 갈 겁니다.
(А) 수영장에
(Б) 경기장에
(В) 자전거 경기장에

[어휘]
уехать 떠나다 / кататься на велосипеде 자전거를 타다 / бассейн 수영장 / матч 경기 / велотрек 자전거 경기장
[정답]　Б

15. Скажите, зачем Наташа позвонила Олегу в Петербург?

— Алло, алло! Олег, это Наташа. Здравствуй.
— Наташа?! Здравствуй. Ты уже в Петербурге? Когда ты приехала? Я жду тебя в пятницу, а сегодня только среда.
— Нет, нет. Я звоню из Москвы, чтобы сказать тебе, что я приеду не в пятницу, а в субботу.
— Почему?
— Потому что в пятницу у нас последний экзамен.

Слушайте диалог ещё раз. Зачем Наташа позвонила Олегу в Петербург?

Наташа позвонила Олегу, чтобы сказать, что…
(А) она не приедет в Петербург
(Б) она сможет приехать в пятницу
(В) она приедет в субботу

왜 나따샤는 뻬쩨르부르그에 있는 올렉에게 전화를 했습니까?

- 여보세요, 여보세요! 올렉, 나따샤야. 안녕.
- 나따샤?! 안녕. 벌써 뻬쩨르부르그야? 언제 왔니? 나는 금요일에 네가 올 것이라 생각했는데 오늘은 아직 수요일이잖아.
- 아니, 아니. 모스끄바에서 전화하는 거야. 금요일이 아니라 토요일에 간다고 말해주려고.
- 왜?
- 금요일에 마지막 시험이 있거든.

대화를 다시 한 번 들으세요. 왜 나따샤는 뻬쩨르부르그에 있는 올렉에게 전화를 했습니까?

나따샤는 …………… 말하기 위해서 올렉에게 전화를 했습니다.
(А) 뻬쩨르부르그에 오지 않는다고
(Б) 금요일에 올 수 있다고
(В) 토요일에 온다고

[어휘]
алло 여보세요 / приехать 도착하다 / ждать 기다리다
[정답] В

Часть IV

Задания 16—23. Прочитайте в матрице вопросы, на которые Вы будете отвечать. Слушайте диалог и записывайте в матрицу информацию, которую Андрей просит передать Ирине.

(문제 16-23) 답해야 할 질문들을 답안지에서 읽으세요. 대화를 듣고, 안드레이가 이리나에게 전해달라고 부탁한 내용을 적으세요.

— Алло, я слушаю.
— Здравствуйте. Можно попросить Ирину?
— Здравствуйте. Ирины нет дома. А что ей передать?
— Скажите, пожалуйста, что звонил Андрей, мы учимся в одной группе.
— Хорошо. Андрей. Я передам Ирине, что Вы звонили. Что–нибудь ещё?
— Да, передайте, что вечер будет завтра в университетском клубе. Мы встретимся с ней там.
— А она знает, где находится этот клуб?
— О, конечно, все знают, где находится клуб МГУ. А ещё скажите ей, что вечер начинается в 7.30. Я буду ждать её в 7.15 около клуба.
— Боюсь, что она, как всегда, опоздает.
— Ну, ничего, я подожду.
— Это всё? Или что–нибудь ещё?
— Хм... Дело в том, что я приду в клуб с братом, он вчера приехал из Петербурга. Попросите Ирину пригласить на вечер подругу, если можно.
— Конечно, конечно. А то с кем же будет танцевать Ваш брат?
— Спасибо. Если Ирина не пойдёт на вечер, пусть она позвонит мне.
— Она знает ваш телефон?
— Не знаю, запишите, пожалуйста.
— Минуточку, я возьму ручку. Так, какой у Вас номер телефона?
— 125-50-38.
— Хорошо, Андрей. 125-50-38. Я всё передам Ирине.
— Спасибо. До свидания.
— Всего хорошего.

Слушайте диалог ещё раз.

– 여보세요, 말씀하세요.
– 안녕하세요. 이리나 바꿔 주시겠습니까?
– 안녕하세요. 이리나는 집에 없습니다. 그녀에게 무엇을 전해 줄까요?
– 같은 반에서 공부하는 안드레이가 전화했다고 전해주세요.
– 알겠습니다. 안드레이. 당신이 전화를 했었다고 내가 이리나에게 전하죠. 더 전할 말씀이 있으세요?
– 예, 내일 대학교 클럽에서 파티가 있습니다. 거기에서 만나자고 전해주세요.
– 그녀는 이 클럽이 어디에 위치하고 있는지 알고 있나요?
– 오, 물론이죠, 모두 엠게우 클럽이 어디에 있는지 알아요. 그리고 파티가 7시 30분에 시작된다고 전해 주세요. 나는 7시 15분에 클럽 근처에서 그녀를 기다릴 거에요.
– 그녀가 평소처럼 늦을까봐 염려됩니다.
– 괜찮아요, 기다릴 겁니다.
– 이게 전부에요? 더 전할 말씀이 있나요?
– 흠....나는 어제 뻬쩨르부르그에서 온 형제와 함께 클럽에 갈거에요. 만약 가능하다면 이리나가 여자친구를 파티에 초대하게 부탁해 주세요.
– 물론이에요, 물론이에요. 그렇지 않으면, 당신 형제는 누구와 춤을 출 수 있겠어요?

– 감사합니다. 만약 이리나가 파티에 오지 않는다면, 나에게 전화하도록 해 주세요.
– 그녀가 당신 전화 번호를 압니까?
– 모르겠어요. 메모해 주세요.
– 잠깐만요, 펜을 준비할게요. 그럼, 당신의 전화번호는 어떻게 됩니까?
– 125-50-38.
– 알겠어요, 안드레이. 125-50-38. 이리나에게 모두 전해 줄게요.
– 감사합니다. 안녕히 계세요.
– 잘 지내세요.

[어휘]

попросить 부탁하다 / передать 전하다 / встретиться 만나다 / там 거기에 / начинаться 시작되다 / ждать 기다리다 / опоздать 지각하다 / подруга 여자친구 / танцевать 춤추다 / пусть ~하게 해라 / записать 메모하다 / взять 잡다, 쥐다 / ручка 볼펜 / минуточку 잠깐만요!

[정답]

	Андрей позвонил (кому?)	Ирине
16	Вечер будет (когда?)	завтра
17	Вечер будет (где?)	в клубе МГУ
18	Начало вечера (когда?)	в 7.30
19	Андрей будет ждать Ирину (когда?)	в 7.15
20	Андрей придет на вечер (с кем?)	с братом
21	Его брат приехал (откуда?)	из Петербурга
22	Андрей просит Ирину пригласить (кого?)	подругу
23	Телефон Андрея	125-50-38

[해석]

16 파티는 <u>내일</u> 있을 것입니다.
17 파티는 <u>대학교 클럽</u>에서 있을 것입니다.
18 파티는 <u>7시 30분</u>에 있을 것입니다.
19 안드레이는 <u>7시 15분</u>에 이리나를 기다릴 것입니다.
20 안드레이는 <u>형제</u>와 함께 파티에 올 것입니다.
21 그의 형제는 <u>뻬쩨르부르그</u>에서 왔습니다.
22 안드레이는 이리나가 <u>여자친구</u>를 초대하도록 부탁했습니다.
23 안드레이의 전화 번호는 <u>125 – 50 – 38</u> 입니다.

Часть V

Задания 24—30. Прослушайте сообщение по телефону с автоответчика и запишите в матрице основную информацию.

(문제 24-30) 자동 응답기의 안내를 듣고, 답안지에 그 내용을 적으세요.

Вы позвонили в приёмную комиссию экономического факультета МГУ — Московского государственного университета. Наш факультет объявляет набор студентов на первый курс. Вступительные экзамены могут сдавать все желающие. Вы должны принести документы: паспорт и аттестат об окончании школы. Приёмная комиссия работает каждый день, кроме воскресенья, с 9 утра до 6 вечера. Факультет находится во втором корпусе МГУ на 8-м этаже. Запишите телефон экономического факультета, по которому Вы можете получить дополнительную информацию: 939-50-25.

Повторяем телефон: 939-50-25.

모스끄바 국립 대학교(МГУ) 경제학부 입학 접수처입니다. 우리 학부의 신입생 모집을 알립니다. 입학을 원하는 모든 학생들은 입학 시험을 볼 수 있습니다. 여러분들은 다음 서류를 제출하셔야 합니다: 여권과 고등학교 졸업 증명서입니다. 입학 접수처는 일요일을 제외하고 매일 아침 9시부터 저녁 6시까지 일합니다. 학부는 엠게우 2동 건물 8층에 위치하고 있습니다. 추가 정보를 제공받을 수 있는 경제학부 전화 번호를 메모하세요: 939-50-25
전화 번호를 반복합니다: 939-50-25

[어휘]
приёмная комиссия 입학 접수처 / экономический факультет 경제학부 / объявлять 공고하다 / набор 모집 / вступительный 입학의 / документ 서류 / сдавать экзамен 시험을 보다 / аттестат 졸업장 / кроме ~외에 / корпус 건물 / дополнительный 추가적인

[정답]

	Вы позвонили	в приёмную комиссию
24	Вы позвонили в университет (какой?)	московский (МГУ)
25	Вы позвонили на факультет (какой?)	экономический
26	Вы должны принести	документы
27	Приёмная комиссия не работает только	в воскресенье
28	Часы работы приёмной комиссии	с 9 до 18
29	Факультет находится на (каком?) этаже	на 8 этаже
30	Телефон факультета	939-50-25

[해설]
24 당신은 모스끄바 국립 대학교에 전화를 했습니다.
25 당신은 경제학부에 전화를 했습니다.
26 당신은 서류를 제출해야 합니다.
27 입학 접수처는 일요일만 일을 하지 않습니다.
28 입학 접수처의 근무 시간은 9시부터 6시까지입니다.
29 학과는 8층에 위치하고 있습니다.
30 학과 전화번호는 939-50-25 입니다.

Субтест 3. ЧТЕНИЕ (읽기)

〈테스트 중 지켜야 할 사항〉
- 시험 시간은 50분입니다.
- 시험은 네 부분, 총 40문제로 이루어져 있습니다.
- 시험 중 사전을 이용할 수 있습니다.
- 정답이 되는 알파벳을 골라 답안지에 표시하세요.

예를 들면 :

| А | Ⓑ | В | Г |

(Б – 정답)

답을 수정할 경우, 아래와 같이 고치세요.

| А | Ⓑ | ⊗ | Г |

(В – 오답, Б – 정답)

Часть I

(문제 1-5) 지문을 읽고, 논리적으로 이 지문에 이어질 내용을 보기 (А, Б, В)중에서 찾으세요

1 스키와 같은 (그러한) 스포츠 종목을 전혀 좋아하지 않는다.

(А) 스포츠는 새로운 사람들과 사귈 수 있는 기회를 준다.
(Б) 이 스포츠는 매우 비싼 취미활동이다.
(В) 나는 얼마 전 새로운 스키를 샀다.

[어휘]
совсем 완전히 / вид 종류 / спорт 스포츠 / горные лыжи 스키 (경사가 있는 산에서 타는 스키) / удовольствие 오락, 기분전환

[정답] Б

2 전세계의 학자들은 우리의 일상 생활에서 컴퓨터를 이용하는 방법을 논의하고 있다.

(А) 벌써 많은 학자들은 컴퓨터 게임이 사람들이 휴식하는데 도움이 된다고 말한다.
(Б) 컴퓨터가 일상 생활에서 어떠한 역할도 하지 않는 사람이 적지 않다.
(В) 그래서 개인 컴퓨터는 직장, 학교, 연구소에서만 사용할 수 있다.

[어휘]
мир 세상 / обсуждать 논의하다 / использовать 이용하다 / помогать 돕다 / роль 역할 / персональный компьютер PC / повседневный 매일의

[정답] А

3 이제 전 세계는 12살때까지 자신이 마법사라는 것을 몰랐던 평범하지 않은 소년에 대한 이야기를 알고 있다.

  (A) 이제 전 세계는 아틀란티스의 놀라운 역사를 안다.
  (Б) 그러나 마법사들은 항상 전래 동화에 나왔다.
  (B) 그리고 전 세계에서 아이들은 기꺼이 해리 포터의 모험에 관한 책을 읽는다.

  [어휘]
  история 역사 / необычный 평범하지 않은 / волшебник 마법사 / Атлантида 아틀란티스 /
  народная сказка 전래동화, 민화 / приключение 모험
  [정답] B

4 제 15회 국제 도서 전시회에서 사람들은 과학과 일반인을 위한 과학 도서에 더 흥미를 가지게 되었다.

  (A) 이 도서는 과학자, 선생님, 기술자 뿐만 아니라, 유익하지 않은 책을 지겨워하는 젊은이들에게도 흥미를 유발했다.
  (Б) 모든 국제 도서 전시회는 보통 많은 독자들을 모은다.
  (B) 도서 전시회에서 많은 사람들은 자신이 좋아하는 소설이나 추리 소설을 구입한다.

  [어휘]
  международный 국제적인 / ярмарка 전시회, 박람회 / литература 문학, 도서 / устать 피곤하다 /
  пустой 가치 없는 / читатель 독자 / детектив 추리 소설
  [정답] A

5 유명한 여행자는 자신의 선박 '안나' 호로 1000일 동안 바다를 항해하려고 한다.

  (A) 세계는 넓고, 어디에서든 매우 흥미로운 사람들을 만날 수 있다.
  (Б) 얼마 전 러시아에서 유명한 여행객 표도르 꼬뉴호프에 대한 책이 출간되었다.
  (B) 그리고 인터넷 덕분에 전 세계가 이 여행에 참가할 것이다.

  [어휘]
  путешественник 여행자 / собираться ~하려고 한다, 계획이다 / корабль 배, 기선 /
  благодаря ~덕분에
  [정답] B

Часть II

(문제 6~10) 잡지와 신문 기사의 일부분을 읽고, 주제 또는 중심 생각을 찾으세요.

6 가장 젊고 인기 있는 러시아 가수 알수는 런던에서 공부하며 살고 있다. 얼마 전 그녀는 자신의 새로운 노래를 부르기 위해 러시아에 왔다. 모스끄바에서 그녀를 기다렸지만, 그녀는 뻬쩨르부르그로 왔다. 공항에서 팬과 기자들이 꽃다발을 들고 그녀를 맞이했다. 러시아 무대의 젊은 스타는 2회의 콘서트를 하고 떠났다.

  기사의 주제는 :

(А) 공항에서의 만남
(Б) 알수의 새로운 콘서트
(В) 런던에서 배우의 삶

[어휘]
самый 가장 / певица (여) 가수 / спеть песни 노래를 부르다 / аэропорт 공항 / поклонник 팬 / звезда 스타 / эстрада 무대

[정답] Б

7 1712년 뻬쩨르부르그는 러시아의 수도가 되었다. 뻬쩨르부르그에서는 석조 건물과 궁궐들을 건설하였다. 모스끄바에는 목재 건물들만 있었다. 러시아 황제 뾰뜨르 1세는 뻬쩨르부르그가 가장 아름다운 도시가 되도록 모스끄바 또는, 러시아의 다른 지역에 석조건물을 짓는 것을 허락하지 않았다.

뻬쩨르부르그는 1918년까지 러시아의 수도였다. 그리고 혁명 후인 1918년 3월에야 모스끄바가 다시 러시아의 수도가 되었다.

이 기사에서 이야기하는 것은:

(А) 뻬쩨르부르그에 대해
(Б) 모스끄바에 대해
(В) 뾰뜨르 1세에 대해

[어휘]
столица 수도 / каменный 석조의, 돌의 / дворец 궁궐 / деревянный 목조의 / царь 황제 / разрешить 허락하다 / строить 짓다 / революция 혁명

[정답] А

8 10월 30일 러시아 현대사 박물관 (뜨베르스까야 거리 21번지)에서 새로운 전시회 '국장 – 러시아의 주요 상징' 이 열린다.

전시회에서는 1882년 러시아 황제 알렉산드르 3세때 만들어진 러시아의 국장과 뾰뜨르 1세 때 만들어진 뻬쩨르부르그의 옛 문장 그리고 모스끄바 및 러시아 다른 도시들의 옛 문장과 현대의 국장들을 볼 수 있다.

전시회는 11월 6일까지 열린다.

이 기사에서 이야기하는 것은:

(А) 러시아 역사에 대해
(Б) 러시아의 황제에 대해
(В) 모스끄바에서의 새로운 전시회에 대해

[어휘]
современный 현대의 / выставка 전시회 / увидеть 보다 / создан 창조된 / герб 국장, 문장

[정답] В

9 컴퓨터 게임은 이로운 것인가? 아니면 해로운 것인가? 반대자들은 이것이 해롭다고 말한다. 아이들이 산책을 더 적게 하고, 독서를 더 적게 하고, 운동을 더 적게 하기 때문이다. 그들은 하루 종일 컴퓨터 앞에 앉아 있는다. 심지어 가끔은 컴퓨터 게임이 마약과 유사한 것이라고도 말한다.

그러나 컴퓨터 게임을 좋아하는 사람들이 있다. 그들은 이것(컴퓨터 게임)을 지지하는 사람들이다. 지금은 그

들이 반대자보다 훨씬 더 적다. 그러나 지지자들은 아무 말도 하지 않고, 그냥 컴퓨터 게임을 한다. 그들에게는 이것이 재미있기 때문이다.

기사의 글쓴이는 컴퓨터 게임에 .... 있다고 생각한다:

(А) 반대자만 있다고
(Б) 지지자보다 반대자가 더 많다고
(В) 반대자보다 지지자가 더 많다고

[어휘]
противник 반대자 / гулять 산책하다 / целый день 하루 종일 / даже ~조차, 심지어 / наркотик 마약 / похож на кого-что ~ 을 닮다 / сторонник 지지자 / просто 그냥

[정답] Б

10 과연 화성에도 생명이 있을까? 외계인들은 상상일까 아니면 실재일까?

지식인들은 지구 외에도 다른 행성들이 있다는 것을 안다. 그래서 그들은 지구로부터 먼 곳에도 생명이 있을 수 있다고 생각한다.

여성들 특히, 가정 주부들은 과학이나 공학에 관심이 없기 때문에 그들에게 있어 외계인은 상상일 뿐이다.

그런데 판타지 영화를 즐겨 보거나, 판타지 소설을 읽는 젊은이들은 다른 행성에 생명이 있다고 믿는다.

통계자료는 .... 외계인을 믿는다는 것을 보여준다.

(А) 교육을 받은 사람들과 젊은이들이
(Б) 교육을 적게 받은 사람들만이
(В) 여성들과 젊은이들이

[어휘]
марс 화성 / инопланетяне 외계인들 (инопланетянин의 복수) / фантастика 판타지 / реальность 현실 / образованные люди 교육을 받은 사람 / планета 행성 / понимать 이해하다 / далеко от чего ~에서 멀리 / домохозяйка 가정 주부 / техника 공학 / статистика 통계(학)

[정답] А

Часть III

(문제 11~25) 영화의 내용을 읽고, 보고 싶은 영화를 선택한 후, 문제를 푸세요.

<< Я есть... ты есть... он есть... >>

어머니와 아들은 작은 아파트에 산다. 아들은 병원에서 의사로 일한다. 그에게는 사랑하는 여자친구 이라가 있다. 그러나 어머니는 아들이 이라와 결혼하는 것을 원하지 않는다. 어머니는 아가씨가 맘에 들지 않는다. 그들은 다른 성격과 인생관을 가지고 있다. 그러면 한 집에 살기는 매우 어렵다. 그들은 항상 싸울 것이다.

아들은 어머니도 아가씨도 사랑한다. 그러나 그는 선택을 해야 한다. 그는 아가씨를 선택했다. 그는 집을 떠나서 이라와 함께 살 아파트를 빌렸다. 그리고 어머니는 혼자 집에 남았고 외로웠으며, 행복하지 않다고 느꼈다. 그녀는 아들을 잃었다고 생각했다.

그러나 불행이 찾아왔다. 이라가 자동차를 몰고 가다 교통사고를 당했다. 이라의 상태는 심각했다. 그녀는 걸어 다닐 수도 말할 수도 없었다. 그녀에게 도움이 필요했다. 누가 도울 수 있을까? 누가 이라를 돌볼 것인가? 아들은 어머니에게 가서 그녀를 도울 것을 부탁했다. 1년 내내 어머니는 아가씨를 돌보았다. 어머니는 이라에게 아기처럼 먹여주고, 약을 주고, 모든 여가 시간을 함께 보내며 돌보았다. 어머니 덕분에 아가씨는 건강을 회복했다.

[어휘]
сын 아들 / квартира 아파트 / врач 의사 / больница 병원 / мать 어머니 / жениться на ком ~와 결혼하다 / разный 다양한 / характер 성격 / взгляд 견해 / ссориться 싸우다 / выбирать 선택하다 / снимать 임대하다 / остаться 남다 / потерять 잃어버리다 / несчастье 불행 / автомобильная катастрофа 교통사고 / помощь 도움 / ухаживать за кем ~누구를 돌보다 / кормить 먹이다, 양육하다 / лекарство 약 / выздоравливать 회복하다

<< Принцесса на бобах >>

이 영화의 주인공은 매우 다양한 사람들이다.

그녀는 지치고 불행한 젊은 여인이다. 그녀는 가난하다. 그녀는 조그만 아파트에서 어머니와 딸과 어디에서도 일하지 않는 전 남편과 같이 산다. 그녀는 가족을 부양하기 위해 돈을 벌어야 한다. 아침에 그녀는 레스토랑에서 설거지를 하고 낮에는 지하철에서 신문을 팔고 저녁에는 계단 청소를 한다. 그녀는 항상 잠자고 싶어한다. 그녀는 (항상) 피곤했고 벌써 자신에게 행복이 존재한다고 믿지 않는다. 그러나 매우 자존심이 강한 여인이다. 그녀의 성은 세레메띠예바이다. 러시아에서 가장 유명한 성 중의 하나이다. 그녀의 선조는 러시아 귀족이었다.

그는 젊고 멋진 부자 사업가다. 그는 비싼 자동차를 타고 다니고 비싼 정장을 입고 다니고, 수영장과 공원이 있는 큰 집에서 산다. 그는 신흥 부자이고, 삶의 주인이다. 그러나 그는 평범한 노동자 가족에게서 태어나 성장했고, 그의 성은 우스꽝스러운 뿌쁘꼬프이다.

그래서 멋진 부자 사업가는 본인의 성을 바꾸어 세레메띠예프가 되기를 원한다. 그는 이 성을 갖기 위해서 그녀에게 시집오도록 청하며, 비싼 선물을 하고, 많은 돈을 제안하지만, 그녀는 거절한다.

[어휘]
усталый 피곤한 / счастливый 행복한 / бедный 불행한 / бывший 전 / зарабатывать деньги 돈을 벌다 / кормить 양육하다 / мыть посуду 설거지 하다 / мыть лестницу 계단 청소를 하다 / предок 선조 / выйти замуж за кого ~에게 시집가다 / предлагать 제안하다

<< Сирота казанская >>

영화의 모든 사건은 12월 31일에 발생한다. 영화의 주인공인 젊은 여인 나스쨔와 그녀의 약혼자 꼴랴는 새해를 맞이하기 위해 준비하고 있었다. 나스쨔에게는 꼴랴 외에 아무도 없다. 나스쨔의 엄마는 죽었고, 나스쨔는 자신의 아버지에 대해 전혀 알지 못했다. 엄마의 죽음 후에 나스쨔는 편지를 읽었는데, 그 편지에 나스쨔의 아버지 이름은 빠벨이고 1969년에 그들은 바닷가에서 알게 되었다고 쓰여 있었다. 아버지를 찾기 위해 나스쨔는 이 편지를 신문에 보냈다. 아마도 아버지가 편지를 읽고 그녀에게 올 것이라 여겼다.

바로 그 새해 밤 나스쨔의 집으로 낯선 사람이 와서 그가 그녀의 아버지고 그의 이름은 빠벨이며 1969년 바다에서 젊은 아가씨를 만났다고 했다. 그는 그 사람이 나스쨔의 엄마라고 확신했다. 그는 그들이 바다에서 어떻게 알게 되었는지, 어떻게 춤을 추었는지, 산책했는지, 어떻게 아이스크림을 먹었는지에 대해 이야기했다.

나스쨔는 행복했다. 드디어 아버지를 찾았구나! 그러나 그 다음부터 흥미로운 사건이 시작된다: 두 번째 세 번째 빠벨이 와서 똑같이 그와 같은 이야기를 했다. 그들 모두는 자신을 나스쨔 아버지라고 생각했다. '아버지들'은 다투기 시작했고 나스쨔는 무엇을 해야 할 지 몰랐다.

그때 그녀는 엄마의 사진을 그들에게 보여 주기로 했다. 그들은 이 사진을 보고 나스쨔가 그들의 딸이 아니라는 것을 알았다. 그러나, 그럼에도 불구하고 영화는 해피엔딩으로 끝났다. 주인공들은 함께 새해를 맞이하고, 그들 모두는 행

복과 사랑을 나스쨔의 집에서 찾게 된다.

[어휘]
после ~후에 / смерть 죽음 / найти ~을 찾다 / неожиданно 의외로 / считать 여기다 / спорить 다투다 / любовь 사랑 / счастье 행복

11 이 영화의 주인공은 오래된 귀족의 성을 가지고 있다. [정답] Б
12 이 영화의 모든 주인공은 새해 밤에 행복하다. [정답] В
13 이 영화의 여자 주인공에게는 불행한 일이 일어났다. [정답] А
14 이 영화의 주인공 부모님은 바다에서 만나 서로를 사랑했다. [정답] В
15 영화에서 어머니는 아들을 도와준다. [정답] А
16 영화의 주인공은 아버지를 찾고 싶어한다. [정답] В
17 이 영화의 주인공은 사업가로 일한다. [정답] Б
18 이 영화의 주인공은 시집가는 것과 부자가 되는 것을 거절했다. [정답] Б
19 이 영화에서 편지와 사진은 중요한 역할을 한다. [정답] В
20 영화의 주인공은 일을 매우 많이 한다. [정답] Б
21 이 영화에서 주인공들은 서로를 이해하지 못하기 때문에, 함께 살 수 없다. [정답] А
22 이 영화의 주인공은 새로운 성을 사고 싶어한다. [정답] Б
23 영화의 주인공은 자신의 아버지를 본 적이 없다. [정답] В
24 영화의 주인공은 매우 부자이고, 비싼 자동차를 타고 다니고, 크고 아름다운 집에서 산다. [정답] Б
25 이 영화의 주인공은 매우 심하게 오랫동안 아프다. [정답] А

Часть IV

(문제 26~40) 본문을 읽으세요. 본문의 기본적인 내용과 의미있는 사항들을 파악해야 합니다.

1965년 3월 18일 우주선 발사기지 바이꼬누르에서 러시아 우주선 '보스호드 2호'가 발사되었다. 우주선에는 2명의 우주 비행사가 타고 있었다.
우주선의 지휘관은 빠벨 벨랴에프였고, 이등 비행사는 알렉세이 레오노프였다. 우주 비행은 26시간 동안 계속되었다. 유명한 러시아 설계자 세르게이 빠블로비치 꼬롤료프는 지구에서 비행을 감독했다.
우주 비행사 알렉세이 레오노프에게 이것은 수 년에 걸쳐 준비한 첫 우주비행이었다. 알렉세이 레오노프는 1934년 시베리아의 노동자 집안에서 태어났다. 어릴 적부터 그는 우주 비행사가 되기를 꿈꾸었다. 고등학교를 졸업하고, 비행 전문학교를 졸업하자 우주 비행단에 선발되었다. 거기서 그는 훈련을 받으며 자신의 첫 비행을 준비했다.
1965년 3월 18일 그의 꿈이 실현되었다. - 알렉세이 레오노프는 우주로 비행했다. 이것은 평범한 비행이 아니었다. 모스끄바 시각으로 8시 55분에 러시아 비행사 알렉세이 레오노프는 역사상 처음으로 우주 공간에 나갔다. 우주 공간으로의 첫번째 유영과, 새로운 우주복의 실험 등 모든 것이 처음이었다. 학자들은 우주 공간에서 우주복을 바로 실험하기로 결정했다. 왜냐하면 지상에서 우주의 조건들을 만들어내기는 불가능하기 때문이다.
레오노프가 우주 공간으로 나갔을 때, 바로 지상과 연락을 했다. "컨디션도 좋고, 우주의 상황도 좋다. 과제를 수행하기 시작한다."
지상과 연락했을 때 알렉세이 레오노프는 세계 최초의 우주 비행사 유리 가가린과 이야기를 나누었다.

- 알렉세이, 기분이 어때? - 가가린이 질문했다. - 무엇이 보이는지 말해주게.
  레오노프는 바로 친구의 목소리를 알아챘고, 대답했다:
- 지구가 보이고, 흑해, 까프까즈 산맥..... 우주에서 지구를 보았던 모든 우주 비행사와 같은 생각이다. 우리의 지구는 아름답다. 매우 아름답다!

알렉세이 레오노프는 24분 동안 우주 공간에서 작업을 했다. 지구가 너무 아름다워, 레오노프는 완전히 시간을 잊었다. 우주 공간에서 우주선으로 돌아오기 위해서 그에게는 겨우 2분이 남아 있었다. 이것이 그의 인생에게 가장 힘들었던 순간이었다. 그는 오랫동안 우주선의 입구로 들어갈 수 없었다.

우주 비행사가 자신의 머리 위에서 손으로 우주선 문을 닫기 위해서는 다리부터 먼저 입구를 통과해야 했으나 이렇게 하는 것은 불가능했다. 우주 공간에서 그의 우주복은 크고 무거워졌기 때문에 빠르게 움직일 수 없었다. 그러자 레오노프는 머리부터 먼저 들어가기로 결심했다. 이것을 해내기도 쉽지는 않았다. 그러나 그는 자신의 생명을 위해 싸웠고, 결국 승리했다. 그는 입구로 들어와 우주선으로 돌아왔다.

이 우주 실험은 우주 비행학 발전에 있어 큰 의미를 가졌다. 알렉세이 레오노프는 새로운 우주복을 실험했고 인간이 우주 공간에서 일할 수 있다는 것을 증명했다.

이제는 모든 우주 비행사에게 하나의 작업복과 두 개의 우주복이 있다: 하나는 구조를 위한 것이고 다른 하나는 우주 공간으로 나가기 위한 것이다. 레오노프는 출발 전에 입고 열린 우주로 나갔던 한 벌의 우주복만 있었다. 그것을 입고 그는 시베리아 숲에 착륙했고 거기에서 3일동안 더 머물렀다. 다른 우주복은 레오노프에게 없었다. 비행사가 모스끄바로 돌아왔을 때, 이 우주복을 바로 박물관에 기증했다.

그리고 이 유일한 우주복은 지금도 우주 비행학 박물관에서 볼 수 있다. 이 박물관에서는 비행 중 그린 알렉세이 레오노프의 그림도 볼 수 있다. 보통 비행사들은 우주선에 친척이나 가까운 사람들의 사진과 좋아하는 책을 가져간다. 하지만 레오노프는 그가 우주에서 보게 될 모든 것을 그리기 위해 색연필을 가지고 갔다. 그는 우주, 지구, 별이 있는 수많은 데생과 그림을 그렸다.

첫 비행 이후 명예가 따랐고, 공식 만남과 연설, 외국 여행을 다녔지만, 레오노프에게 중요한 것은 일(비행)이었다. 그는 새로운 비행을 준비했다.

10년 후 1975년 국제 러·미 우주 프로그램이 시작되었다. 1975년 7월 15일 두개의 우주선: 러시아의 '소유즈 19호' 와 미국의 '아폴로' 가 우주로 발사되었다. 이 비행에는 3명의 미국 비행사와 2명의 러시아 비행사가 참가했다. 러시아 우주선 '소유즈 19호' 의 지휘관은 알렉세이 레오노프였다.

[어휘]

космодром 우주선 발사 기지 / космический корабль 우주선 / продолжаться 계속되다 / космонавт 우주 비행사 / торжественный 공식적인 / рисунок (연필로 그린) 그림, 뎃생 / картина 그림 / уникальный 유일한 / приземлиться 착륙하다 / старт 출발 / скафандра 우주복 / комбинезон (비행사, 광부 등의) 상하가 맞붙은 작업복 / шлюз (배, 우주선 등의) 선창 / люк (뚜껑으로 된) 문

26 지구에서 우주선 «Восход-2»호의 비행은 _____가 지휘했다.

(А) 유리 가가린
(Б) 세르게이 꼬롤료프
(В) 빠벨 벨랴에프

[정답] Б

27 알렉세이 레오노프는 _____ 태어났다.

(А) 노동자 집안에서
(Б) 우주 비행사 집안에서

(В) 화가 집안에서

[정답] А

28 우주 비행사 알렉세이 레오노프는 _____ 첫번째 우주 비헝사였다.

(А) 우주로 날아 간
(Б) 우주 공간으로 나간
(В) 우주선에서 지구를 본

[정답] Б

29 알렉세이 레오노프의 첫 우주 비행은 _____ 동안 계속되었다.

(А) 26시간
(Б) 8시간 55분
(В) 3일

[정답] А

30 학자들은 _____에서 새로운 우주복을 실험하기로 결정했다.

(А) 우주 실험실에서
(Б) 우주선에서
(В) 우주 공간에서

[정답] В

31 우주 비행사 레오노프는 우주 공간에서 _____ 동안 있었다.

(А) 겨우 2분
(Б) 24분
(В) 8시간 55분

[정답] Б

32 우주 비행사 레오노프는 오랫동안 우주선 출입그로 들어갈 수 없었다. 왜냐하면 우주복이 _____

(А) 커졌기 때문이다.
(Б) 작아졌기 때문이다.
(В) 가벼워졌기 때문이다.

[정답] А

33 우주 비행사 레오노프에게는 _____

(А) 3개의 우주복이 있었다.
(Б) 2개의 우주복과 1개의 작업복이 있었다.
(В) 오직 1개의 우주복이 있었다.

[정답] В

34 레오노프의 우주복은 유일하다고 할 수 있다. 왜냐하면 _____

(А) 이 우주복을 입고 인간이 최초로 우주 공간에 나갔기 때문이다.

(Б) 우주복이 크고 무거워졌기 때문이다.
(В) 이 우주복은 현재 박물관에 있기 때문이다.

[정답] A

35 알렉세이 레오노프는 _____ 을 우주로 가져갔다.

(A) 가족 사진
(Б) 좋아하는 책
(В) 색연필들

[정답] В

36 알렉세이 레오노프는 _____ 그린 화가이다.

(A) 우주를
(Б) 바다를
(В) 숲을

[정답] A

37 우주 비행사들은 _____에 착륙했다.

(A) 우주선 발사장 바이꼬누르
(Б) 까프까즈 산맥
(В) 시베리아 숲

[정답] Б

*바이꼬누르: 카자흐스탄에 위치한 우주선 발사장

38 1975년 7월 알렉세이 레오노프는 _____

(A) 외국으로 갔다.
(Б) 그림을 그리기 시작했다.
(В) 우주 비행을 준비했다.

[정답] В

39 알렉세이 레오노프는 우주에 _____ 갔었다.

(A) 한 번
(Б) 두 번
(В) 여러 번

[정답] Б

40 알렉세이 레오노프는 우주선 _____의 지휘관이었다.

(A) 보스호드 2호
(Б) 소유즈 19호
(В) 아폴로

[정답] Б

Субтест 4. ПИСЬМО (쓰기)

〈테스트 중 지켜야 할 사항〉
- 시험 시간은 50분입니다.
- 시험은 한 문제로 이루어져 있습니다.
- 시험 중 사전을 이용할 수 있습니다.

(문제) 여러분의 새 친구가 공부나 일을 하기 위해 여러분의 나라로 갑니다. 고향에 있는 여러분의 친구에게 편지를 써서 새 친구에 대해 이야기하세요.

다음 내용을 쓰세요:
- 새 친구가 누구인지,
- 새 친구의 이름,
- 새 친구의 나이,
- 어디에서 공부하는지(일하는지),
- 관심분야가 무엇인지,
- 여가 시간에 무엇을 하는지,
- 성격이 어떤지,
- 왜 그 친구와 사귀는지,

언제 그리고 왜 그가 여러분의 나라로 가는지 설명하세요.

(고향에 있는) 여러분의 친구에게 새로운 친구를 만나서 그에게 고향을 보여주도록 부탁하고, 새로운 친구가 언제, 무엇을 타고 도착하는지 알려주세요.

답안은 18 – 20 문장 이상이어야 합니다.

[예시 답안]

Привет, Чжи Юн!
Как твои дела? Как погода в Сеуле? Здесь уже скоро будет зима, холодно.
Здесь в университете у меня новая подруга, ее зовут Татьяна, она учится на факультете корейского языка в нашем университете. Ей 23 года, она на четвертом курсе. Мы встречаемся иногда после лекций и помогаем друг другу готовиться к занятиям. Она помогает мне делать задания по русскому языку, а я помогаю ей изучать корейский язык. Татьяна увлекается корейской культурой и литературой, с ней всегда интересно поговорить. В свободное время мы иногда ходим в кино или просто гуляем по Москве. Еще мы любим ходить по городу и фотографировать достопримечательности. Мне нравится дружить с ней, потому что она добрая и веселая, с ней интересно поговорить. Я думаю, у нас с ней похожи характеры.

Таня собирается ехать в Корею на стажировку в следующем месяце. Она едет по программе обмена студентами на 3 месяца. У ее нет знакомых в Корее, поэтому я хочу попросить тебя помочь ей. Встреть ее, пожалуйста, в аэропорту, отвези в университет и покажи ей Сеул. Думаю, что тебе будет интересно познакомиться с ней. Если ты сможешь помочь ей, я скажу когда она прилетает.

[예시 해석]
지윤아, 안녕!
어떻게 지내? 서울 날씨는 어때? 여기는 곧 겨울이 올 것 같아, 추워.
여기 학교에서 새 친구를 사귀었는데, 학교 한국어 학과에 다니는 따찌야나라는 친구야. 따찌야나는 4학년이고, 23살이야. 우리는 가끔 방과 후에 만나서 숙제하는 것을 서로 도와줘. 그녀는 내 러시아어 숙제를 도와주고, 나는 그녀에게 한국어 공부를 도와줘. 따찌야나는 한국 문화와 문학에 관심이 많아서, 그 친구와 이야기하는 것이 재미있어. 우리는 시간이 있을 때 영화를 보거나, 모스끄바를 산책해. 도시를 거닐면서 명소 사진을 찍는 것도 좋아. 그녀가 착하고, 밝고, 좋은 대화 상대라서 나는 그녀와 사이좋게 지내는 것이 좋아. 나와 그녀는 성격도 비슷한 것 같아.
따냐는 다음 달에 한국에 연수를 가려고 해. 교환 학생 프로그램으로 3개월 갈거야. 따냐는 한국에 아는 사람이 없어서, 네가 그녀를 도와주었으면 좋겠어. 공항에서 만나서 학교에 데려다 주고 서울구경도 시켜주었으면 좋겠어. 너도 그녀를 만나는 것이 재미있을 거야. 만약에 네가 그녀를 도와줄 수 있다면 도착하는 날짜를 알려줄게.

Субтест 5. ГОВОРЕНИЕ (말하기)

⟨테스트 중 지켜야 할 사항⟩
- 시험 시간은 40분입니다.
- 시험은 총 4문제로 이루어져 있습니다.

ВАРИАНТ 1

⟨문제 1, 2 – 유의 사항⟩
- 시험 시간은 10분입니다.
- 시험은 준비 시간 없이 진행됩니다. 대화에 참여하세요.
- 완전한 문장으로 답하세요. '예', '아니오' 또는 '모릅니다' 등의 대답은 완전한 문장으로 간주하지 않습니다.

문제 1 (1~5) 대화에 참여하여 질문에 알맞은 대답을 하세요.

1 Все говорят, что Вы похожи на маму. Это правда?
— Да, это правда, я больше похож на маму, чем на папу. Особенно у нас похожи глаза и носы.

사람들은 당신이 당신 어머니를 닮았다고 하는데, 사실인가요?
— 네, 사실이에요. 저는 아버지보다 어머니를 닮았어요. 특히 눈과 코가 많이 닮았어요.

2 Вашего друга сегодня нет на занятиях. Вы не знаете, что случилось?
— Вчера он плохо себя чувствовал. Наверное, он заболел.

당신의 친구가 오늘 학교에 안 나왔는데, 혹시 무슨 일인지 아세요?
— 그는 어제 컨디션이 안 좋았어요. 아마도 아픈 것 같아요.

3 Вы так хорошо говорите по-русски! Где Вы изучали русский язык?
— Спасибо, но я пока еще не очень хорошо говорю. Я учился 2 года в университете в Корее и ездил на стажировку в Россию на 2 месяца.

러시아어를 정말 잘 하시네요! 러시아어를 어디서 배우셨어요?
— 감사합니다만 전 아직 잘 말하지 못해요. 한국에서 2년간 대학교에서 공부했고, 2개월간 러시아에 연수를 다녀왔습니다.

4 Скажите, как работают магазины в Вашем городе?
  - Универмаги обычно открываются в 9 часов утра и закрываются в 8 часов вечера, а маленькие магазины работают до 10-11 часов.

당신 도시에서 상점 업무 시간은 어떻게 되나요?
– 백화점은 보통 아침 9시에 문을 열고 저녁 8시에 문을 닫습니다. 작은 가게들은 10-11시까지 영업합니다.

5 Скоро Вы закончите университет. Какие у Вас планы?
  - Я пока точно не знаю, но я очень хочу поступить на работу в крупную компанию, которая работает с Россией, чтобы можно было использовать русский язык на работе.

얼마 후에 대학교를 졸업하시는데, (취업) 계획이 어떻게 되세요?
– 아직 잘 모르지만, 러시아어를 사용할 수 있도록 러시아와 관련된 업무를 하는 큰 회사에 취직하고 싶습니다.

문제 2 (6~10) 상황을 이해하고 대화를 시작하세요.

6 На дискотеке Вы увидели симпатичную девушку. Познакомьтесь с ней.
  – Здравствуйте! Меня зовут Чжи Мин. Можно с Вами познакомиться?

당신은 디스코텍에서 매력있는 여자를 보았습니다. 그녀와 인사를 나누세요.
– 안녕하세요? 제 이름은 지민이에요. 당신과 인사를 나눌 수 있을까요?

7 У Вашего друга проблемы с математикой. Посоветуйте, что ему делать.
  - Почитай вот эту книгу, здесь много хороших задач и есть объяснения по каждой теме.

당신의 친구가 수학을 잘 못합니다. 어떻게 해야 하는지 조언을 해 주세요.
– 이 책을 한번 읽어봐. 여기 좋은 문제도 많고 각 주제에 대한 설명도 있어.

8 У Вас есть новая компьютерная игра. Посоветуйте Вашему другу купить эту игру.
  - Смотри, это очень интересная игра! Купи её!

당신에게 새로운 컴퓨터 게임이 있습니다. 친구에게 이 게임을 구입하도록 권하세요.
– 봐, 이 게임이 정말 재미있어! 이것을 사!

9 Вы хотите поиграть в волейбол. Позвоните Вашему другу и пригласите его. Договоритесь о встрече.
  - Алло, привет, Иван! Давай поиграем в волейбол! Приходи на стадион завтра в 3 часа.

당신은 배구를 하고 싶습니다. 친구에게 전화해서 그를 초대하세요. 만나기로 약속하세요.
– 여보세요, 안녕, 이반! 우리 배구하자! 내일 3시에 운동장으로 와.

10 Завтра Вы не можете прийти на занятия. Объясните, почему.
  - Извините, но я не смогу завтра прийти на занятия. Дело в том, что мой друг прилетает из Кореи, и я должен встретить его в аэропорту.

당신은 내일 수업에 오지 못합니다. 그 이유를 설명하세요.
- 죄송하지만, 저는 내일 수업에 못 와요. 왜냐하면, 제 친구가 한국에서 와서, 제가 마중하러 공항에 나가야 해요.

〈문제 3 - 유의 사항〉
• 시험 시간은 25분입니다. (15분간 준비하고, 10분간 대답합니다.)

문제 3 (11~12)

11 본문을 읽고 내용을 요약하세요.

[예시 답안]

Турманов был богатым пожилым некрасивым человеком, у него была молодая жена. Однажды в гостях у знакомого он услышал, как его жена договаривается о встрече с другим мужчиной, Дегтярёвым. Они договорились, что жена Турманова положит записку для Дегтярёва в вазу в парке. Дегтярёв был другом Турманова, но в разговоре с его женой называл его «старым дураком» и «старым толстым мужем». Турманову было очень обидно. Он решил отомстить Дегтярёву. Он послал записку богатому человеку, владельцу магазина Блинову. В записке он написал, что Блинов должен положить 1000 рублей в вазу в парке, иначе его убьют, а магазин разрушат. Турманов думал, что Блинов заявит об этом в полицию, и полиция арестует Дегтярёва, когда он придет за запиской. На следующий день Турманов пошел в парк ждать, когда Дегтярёв придет за запиской. Дегтярёв взял из вазы пакет, открыл его и вытащил из пакета 1000 рублей. Он сказал «Спасибо!», положил деньги в карман и ушел. Турманов очень разозлился, он стоял напротив магазина Блинова весь вечер, показывал кулак и называл его трусом.

[해석]

뚜르마노프는 나이가 많은 못 생긴 부자였다. 그에게는 젊은 아내가 있었다. 어느 날, 그는 아내와 같이 친구집에 놀러 갔다가 그의 아내가 다른 남자 덱쨔료프와 만나기로 약속하는 것을 들었다. 뚜르마노프의 아내는 덱쨔료프를 위해 쪽지를 공원의 화분에 두기로 했다. 덱쨔료프는 뚜르마노프의 친구였다. 그러나 그의 아내와 이야기를 나눌 때 '오랜 친구' 라고 하지 않고 '늙은 바보', '뚱뚱한 늙은이' 라고 불렀다. 뚜르마노프는 매우 불쾌했다. 그는 덱쨔료프에게 복수하기로 결심했다. 그는 돈 많은 상점 주인인 블리노프에게 쪽지를 보냈다. 쪽지에는 피살되거나 가게가 파괴되는 것을 원치 않으면 공원 화분에 1000 루블을 두어야 한다고 썼다. 뚜르마노프는 블리노프가 이것 때문에 경찰에 신고하고 경찰은 쪽지를 가지러 온 덱쨔료프를 체포할 것이라 생각했다. 다음날 뚜르마노프는 공원으로 가서 덱쨔료프가 쪽지를 가지러 올 것을 기다렸다. 덱쨔료프는 화분에서 봉투를 꺼냈고, 그것을 열고 봉투에서 1000루블을 꺼냈다. 그는 '고맙습니다' 라고 말하고 돈을 주머니에 넣고 떠났다. 뚜르마노프는 매우 화가 나서, 블리노프 상점 앞에 서서 저녁 내내 주먹을 들고 그를 겁쟁이라 불렀다.

[어휘]
пожилой 나이가 많은 / положить ~에 두다 / записка 쪽지 / разговор 대화, 담화 /
заявить 신고하다 / полиция 경찰 / арестовать 체포하다

[본문 해석]

<< Записка >>

레프 사비치 뚜르마노프는 나이가 많은 못생긴 부자였다. 그에게는 젊은 아내가 있었다. 어느 날 그는 아내와 같이 한 친구집에 놀러 갔다. 레프 사비치는 카드놀이를 하고 그의 아내는 젊은 사람들과 춤을 추고 있었다. 얼마 후, 뚜르마노프는 아내가 심심하지 않은지 알아보려고 아내를 찾으러 가보기로 했다. 다른 방으로 통하는 문 앞에서 그는 갑자기 이런 대화를 듣게 되었다.

- 물론이죠, 물론이죠... - 여자가 말했다. - 하지만 그것은 언제인가요?

'내 아내다!' 레프 사비치가 목소리를 알아챘다. '누구와 이야기를 하는 거지?'

- 당신이 원하는 대로...... - 남자가 말했다. - 오늘은 좀 그렇고, 내일은 내가 하루 종일 바쁘고......

'덱쨔료프군!' 뚜르마노프는 오랜 친구의 목소리를 알아챘다. '이런 사람이 어떻게 친구라고? 그녀 역시! 아, 이 여자들은! 하루도 바람 안 피고 못 사는군!'

- 음, 내일은 내가 바쁜데, - 남자가 계속 말했다. - 당신이 원하면 나에게 뭐든 써 보내줘요...... 그러면 정말 기쁘고 행복할거에요...... 하지만 우리는 우편으로 편지를 보내면 안돼요. 내가 당신에게 편지를 보내면 당신의 바보같은 늙은 남편이 집배원이 배달하는 것을 볼 수도 있어요. 그리고 당신이 나에게 편지를 보내면 내 아내가 그것을 받아서 읽을 수도 있어요.

- 그러면 어떻게 해야죠?

- 무슨 수가 있겠지! 내일 저녁 6시 정각에 내가 퇴근길에 시립공원을 지나갈 거에요. 그러면 당신이 조금 일찍 와서 공원 출구 근처에 있는 돌화분에 당신의 쪽지를 놓으세요. 내가 그것을 꺼내서 읽을께요.

- 좋아요. 어디에 있는 화분인지 알아요.

- 이렇게 하면 아주 비밀스럽고, 재미있고, 새로울 거에요. 그리고 당신의 늙은 풍땡이 남편도 내 아내도, 아무도 그 아무것도 알아채지 못할 거에요. 알겠어요?

레프 사비치는 이 대화를 끝까지 듣고 다시 카드놀이를 하러 갔다. 그가 방금 발견한 것은 놀랍지도 속상하지도 않았다. 그는 젊은 아내의 불륜에 대해서 알고 있었고 신경을 쓰지 않았다. 하지만 그의 친구가 그를 뚱뚱한 바보 늙은이라고 말한 것이 매우 불쾌하고 속상했다.

'덱쨔료프는 정말 나쁜 놈이야!' 레프 사비치가 생각했다. '길에서 만날 때는 나에게 미소를 짓고 친구라고 부르더니 지금은 뚱뚱한 바보 늙은이라고 부르다니...... 정말 불쾌해!'

저녁식사 시간에 레프 사비치는 덱쨔료프와 아내를 마음 편하게 볼 수가 없었다. 덱쨔료프는 반대로 그와 대화를 나누고 싶어했고, 왜 그렇게 우울해 보이는지, 카드 놀이에서 이겼는지 등 많은 질문을 했다.

뚜르마노프는 집에 돌아와서 덱쨔료프에게 복수할 방법을 생각하기 시작했다. 마침내 훌륭한 아이디어가 떠올랐다. 그는 돈 많은 큰 상점 주인에게 쪽지를 보내기로 했다. 밤에 레프 사비치는 책상에 앉아서 이렇게 썼: '블리노프씨! 오늘, 9월 12일 저녁 6시에 시립공원 출구 앞에 있는 화분에 1000루블을 놓으십시오. 그렇게 하지 않으면 당신은 죽고, 가게는 파괴될 것입니다.' 다 쓰고 나서 레프 사비치는 아주 만족해 했다.

- 아주 잘 생각해냈어! - 그가 생각했다. - 블리노프씨는 물론 두려워서 경찰서에 갈 것이다. 경찰은 공원에서 6시에 이 쪽지를 쓴 사람을 기다릴 것이다. 덱쨔료프가 화분에서 쪽지를 꺼내러 오면 경찰이 그를 체포할 것이다.

레프 사비치가 직접 우체국에 가서 쪽지를 부쳤다. 다음 날에 그는 기분이 매우 좋았다. 그는 덱쨔료프가 체포되어 괴로워하는 모습을 상상했다. 저녁에 뚜르마노프가 공원에 가서 어떤 일이 일어날 지를 기다렸다. 6시 정각에 덱쨔료프가 나타났다.

'이제 너는 내가 어떤 바보 늙은이인지 알게 될 것이다!' - 레프 사비치가 생각했다.

덱쨔료프가 화분에 다가가서 작은 봉투를 꺼냈고, 놀란 눈으로 그것을 보고, 봉투를 열어서 …… 1000루블을 꺼냈다. 젊은이는 오랫동안 돈을 보면서 아무것도 이해하지 못했다. 그러고는 마침내 돈을 주머니에 넣고 '고맙다!' 하고 갔다.

불쌍한 레프 사비치는 그 고맙다는 말을 들었다. 그는 저녁 내내 블리노프의 상점 앞에 서서 주먹을 들어 위협하면서 계속 말했다:

– 겁쟁이! 겁쟁이! 겁쟁이!

[어휘]
богатый 부자 / некрасивый 아름답지 않은 / знакомый 친분이 있는 사람 / скучать 심심하다 / ли ~인지 아닌지 / удобно 편하다 / занят 바쁘다 / посылать 보내다 / возвращаться 돌아오다 / выход 출구 / расстроить 실망하다 / обидно 불쾌하다

12 이야기 속의 상황과 인물들에 대한 생각을 이야기하세요

[예시 답안]
Я думаю, что Дегтярёв и жена Турманова поступают непорядочно. Они оба изменяют своим супругам, а измену никак нельзя оценить положительно. Тем более это неприятно, потому что Дегтярёв – друг Турманова. Турманов тоже не очень приятный человек, он хотел отомстить Дегтярёву за счет Блинова – человека, который не имеет никакого отношения к этой ситуации. Но его можно понять, он ревновал свою жену и был обижен на своего друга. Мне кажется, что Турманов не уверен в себе, он боится, что жена уйдет от него, поэтому он готов сделать все, чтобы не допустить этого.

〈문제 4 – 유의 사항〉
- 시험 시간은 15분입니다. (10분간 준비하고, 5분간 대답합니다.)
- 주어진 주제에 맞는 답을 준비해야 합니다.
- 준비 시간에는 사전을 이용할 수 있습니다.

문제 4. 내가 아는 도시

[질문]
– 이 도시는 어떤 도시입니까?
– 어디에 있는 도시입니까?
– 이 도시를 정치, 공업, 문화 또는 학문의 중심 도시라 할 수 있습니까?
– 관광객들은 이 도시에서 무엇을 볼 수 있습니까?
– 거기엔 어떤 명소들이 있습니까?
– 이 도시에 어떤 교통편이 있습니까?
– 이 도시에 나무가 많습니까?

– 이 도시의 날씨는 어떻습니까?
– 이 도시에 어떤 유명한 사람들이 살았거나 살고 있습니까?
– 당신은 이 도시에 가 본 적이 있습니까?
– 이 도시에 가 보고 싶습니까?

[예시 답안]

Я хочу рассказать о городе Бусане. Он находится на юге Кореи на берегу Южного моря. Это второй по величине город Кореи. Бусан можно назвать промышленным и культурным центром юга Кореи. Это также туристический город. Здесь есть очень известный пляж Хэундэ, куда летом приезжают сотни тысяч человек, чтобы отдохнуть на море. Пляж Хэундэ – самый большой, известный и популярный пляж в Корее. На пляже Хэундэ часто можно увидеть не только корейских, но и иностранных туристов. Вокруг пляжа есть много современных комфортабельных гостиниц и пансионатов, в которых могут удобно разместиться туристы.

Еще в Бусане есть крупный международный порт. Сюда приходят корабли со всего мира. На известном Бусанском рынке Чагальчи всегда можно купить самую свежую рыбу и морепродукты. Это самый большой рынок морепродуктов в Корее.

Еще Бусан известен международным кинофестивалем, который проводится каждую осень. На фестиваль приезжают самые известные корейские и иностранные актеры и деятели кино. Это настоящий праздник кино.

Я часто езжу в Бусан летом и иногда зимой. До Бусана можно добраться на поезде или на самолете. Обязательно советую вам съездить туда, там очень красиво и интересно.

[어휘]

берег 해변 / величина 크기 / промышленный 공업의 / комфортабельный 시설이 좋은, 쾌적한 / пансионат 팬션 / порт 항구 / кинофестиваль 영화 페스티발

[해석]

저는 부산에 대해 이야기를 하고 싶습니다. 부산은 한국의 남쪽, 남해안에 있는 도시입니다. 부산은 한국에서 2번째로 큰 도시입니다. 부산은 한국 남부 지역의 공업 및 문화의 중심이라고 할 수 있습니다. 부산은 또한 관광 도시입니다. 여기에 해운대라는 아주 유명한 해수욕장이 있습니다. 여름마다 수십만 명의 관광객들이 바닷가에서 휴식하기 위해 해운대에 옵니다. 해운대는 한국에서 제일 크고 유명한 해수욕장입니다. 해운대에서는 한국관광객뿐만 아니라 외국인 관광객들도 자주 볼 수 있습니다. 해수욕장 주변에 관광객들이 편하게 지낼 수 있는 현대적이고 시설이 좋은 호텔과 팬션이 많습니다.

부산에는 또한 큰 국제항이 있습니다. 이 항구에는 전 세계의 선박들이 들어옵니다.

자갈치라는 유명한 시장에서는 제일 신선한 생선과 해산물을 항상 살 수 있습니다. 이 시장은 한국에서 가장 큰 해산물 시장입니다.

뿐만 아니라, 부산은 가을마다 열리는 국제영화제로도 유명합니다. 이 영화제에는 가장 유명한 국내외 영화배우들과 영화인들이 옵니다. 이 영화제는 진정한 영화축제입니다.

저는 여름에 부산에 자주 가고, 겨울에도 가끔 갑니다. 부산까지 기차나 비행기를 타고 갈 수 있습니다. 꼭 한번 가 보시기 바랍니다. 부산은 매우 아름답고 재미있는 곳입니다.

ВАРИАНТ 2

〈문제 1, 2 - 유의 사항〉
- 시험 시간은 10분입니다.
- 시험은 준비 시간 없이 진행됩니다. 대화에 참여하세요.
- 완전한 문장으로 답하세요. '예', '아니요' 또는 '모릅니다' 등의 대답은 온전한 문장으로 간주하지 않습니다.

문제 1 (1~5) 대화에 참여하여 질문에 알맞은 대답을 하세요.

1 Какую последнюю книгу Вы прочитали?
— Недавно я прочитал книгу Л.Н. Толстого «Анна Каренина». Книга очень интересная, но сложная, я не все понял.

제일 최근에 어떤 책을 읽었어요?
— 얼마 전에 똘스또이의 '안나 까레니나'를 읽었습니다. 아주 재미있지만 어려운 책이라서 다 이해하지는 못했습니다.

2 Куда Вы пойдёте, если у Вас будет свободный вечер?
— В свободное время мы с друзьями часто встречаемся в кафе в центре города. Мы ужинаем вместе, разговариваем, гуляем по городу, иногда ходим в кино.

한가한 저녁 시간이 생기면 어디 가실거에요?
— 시간이 있을 때는 시내에 있는 카페에서 친구들을 자주 만나요. 우리는 저녁식사도 같이하고 대화도 나누고 도시를 산책하고, 가끔은 영화를 보러 갑니다.

3 Вы так устали! Что Вы делали?
— Я готовился к экзамену. Сейчас сессия. Мне нужно сдать еще 2 экзамена.

당신이 아주 피곤해 보이네요! 무엇을 하셨어요?
— 시험 준비를 했어요. 지금 시험 기간이거든요. 앞으로 시험이 2개 남았어요.

(Вы такой весёлый! У Вас праздник?)
— Да, у меня сегодня день рождения. Сегодня вечером будет вечеринка с друзьями.

당신이 정말 즐거워 보이는군요! 무슨 좋은 일이라도 있나요?
— 네, 저 오늘 생일이에요. 오늘 저녁에 친구들과 같이 파티를 할 거에요.

(Вы такой грустный! Что случилось?)
— Нет, ничего особенного. Просто моя подруга уезжает завтра учиться в Россию на год. Я буду скучать без нее.

당신이 아주 슬퍼 보여요! 무슨 일이에요?
— 아니요, 별 일 없어요. 단지, 내일 내 여자 친구가 러시아에 1년 연수를 떠나요. 그녀가 보고 싶을거에요.

4 Вы не любите танцевать! Почему?
– Я не умею танцевать, поэтому очень неудобно себя чувствую, когда это надо делать. Я боюсь наступить на ногу партнёру.

당신은 춤추는 것을 싫어하는군요! 왜죠?
– 저는 춤을 못 추기 때문에 춤을 추어야할 때 매우 불편합니다. 파트너의 발을 밟을까봐 걱정되요.

5 Вы не скажете, где здесь можно пообедать?
– Я знаю неплохой китайский ресторан у метро. Тут недалеко, идите прямо до перекрёстка и поверните направо. Ресторан называется «Пекин».

이 근처에 점심식사를 할 수 있는 데가 어디에 있는지 아세요?
– 지하철역 근처에 괜찮은 중국 레스토랑이 있어요. 멀지 않아요. 사거리까지 곧장 가서 우측으로 도세요. 레스토랑 이름은 북경이에요.

문제 2 (6~10) 상황을 이해하고 대화를 시작하세요.

6 Вы позвонили своему другу, но его нет дома. Передайте для него информацию.
– Передайте, пожалуйста, Ивану, чтобы он не приходил завтра на урок. Наша преподавательница заболела, поэтому урока не будет.

당신은 친구에게 전화를 걸었으나, 그는 집에 없습니다. 그에게 정보를 전해주세요.
– 이반에게 내일 수업에 나오지 말라고 전해 주세요. 우리 선생님이 편찮으셔서 내일 수업이 없을거에요.

7 Вы пришли в кафе поужинать. Объясните официанту, что Вы хотите взять.
– Принесите, пожалуйста, овощной салат, сэндвич с колбасой и кофе с молоком.

당신이 저녁식사를 하러 카페에 왔어요. 주문하고 싶은 내용을 웨이터에게 설명하세요.
– 야채 샐러드, 햄 샌드위치 그리고 밀크 커피를 주세요.

8 Вы отдыхали на Кипре. Посоветуйте другу, отдыхать там или нет.
– Я советую тебе обязательно съездить на Кипр, мне там очень понравилось. Море очень чистое, гостиница недорогая и хорошая. Работники в гостинице и в ресторанах все очень вежливые и многие говорят по-русски.

당신은 사이프러스에서 휴가를 보냈습니다. 거기에 갈 만한지 친구에게 이야기해 주세요.
– 사이프러스에 꼭 가봐. 정말 마음에 들었어. 바다도 깨끗하고 호텔도 저렴하고 좋았어. 호텔과 레스토랑 직원들이 모두 아주 친절하고 대부분 러시아어도 할 줄 알아.

9 К вам приезжает друг. Вы не можете его встретить в аэропорту. Объясните, где вы живёте.
– Извини, я не смогу встретить тебя. До меня нетрудно доехать на автобусе. Садись на автобус, который идёт из аэропорта до станции Новон, выходи на конечной остановке. Я живу прямо рядом с остановкой, в жилом комплексе Бёксан, дом 205, квартира 1004.

당신의 친구가 옵니다. 당신은 공항에 마중 나갈 수가 없습니다. 어디에 사는지 설명해주세요.
- 미안하지만, 마중하러 나갈 수 없을 것 같아. 우리 집까지는 버스로 쉽게 올 수 있어. 공항에서 노원역까지 가는 버스를 타고 종점에서 내려. 내가 사는 곳은 정류장 바로 근처에 있어. 벽산 아파트 205동 1004호야.

10 Вы познакомились с девушкой по Интернету. Опишите, как Вы выглядите (дайте свой портрет).
- Я высокий, мой рост 1 метр 85 сантиметров. У меня стройное телосложение. У меня короткие черные волосы, карие глаза, я ношу очки. У меня прямые брови, тонкий нос и небольшой рот. На левой щеке есть небольшая родинка. Обычно я хожу в джинсах и свитере.

당신은 인터넷으로 아가씨와 인사를 나누었습니다. 당신의 외모에 대해 그녀에게 이야기하세요.
- 나는 키가 커요. 185cm이고, 말랐어요. 짧은 검은색 머리에 눈은 갈색이고, 안경을 썼어요. 눈썹은 곧고, 코는 얇고, 입은 작아요. 왼쪽 볼에 작은 점이 있어요. 보통 청바지와 스웨터를 입고 다녀요.

〈문제 3 – 유의 사항〉
● 시험 시간은 25분입니다. (15분간 준비 하고, 10분간 대답합니다.)

문제 3 (11~12)

11 본문을 읽고 내용을 요약하세요.
[예시 답안]
Иван Иванович и Анна Семёновна встречались. Однажды они пришли на берег реки, сели на скамейку и стали ловить рыбу. Они были одни и Иван Иванович хотел признаться Анне Семеновне в любви. Он наклонился, поцеловал ей руку, потом они стали целоваться. Они были очень счастливы. Но младший брат Анны Семеновны, Коля, увидел как они целуются и стал грозить, что расскажет все маме. Иван сначала дал ему рубль, потом дарил ему подарки, но Коле все было мало. Молодые люди очень боялись, что Коля все расскажет. Так было до того дня, когда Иван сделал Анне предложение. В этот день они поймали Колю, больно схватили его за уши и добились от него извинения. Они никогда не были так счастливы, как в тот момент, когда держали Колю за уши.

[어휘]
скамейка (공원의) 긴 의자, 벤치 / ловить рыбу 낚시하다 / признаться в любви 사랑을 고백하다 / целоваться 키스하다 / грозить 위협하다

[해석]
이반 이바노비치와 안나 세묘노브나가 만나고 있었다. 어느 날, 강가로 가, 벤치에 앉아 낚시를 시작했다. 그들

은 단 둘이 있었고, 이반 이바노비치는 안나에게 사랑을 고백하고 싶었다. 그는 몸을 굽혀 그녀의 손에 키스했고, 그 다음 그들은 키스하기 시작했다. 그들은 매우 행복했다. 그러나, 안나 세묘노브나의 남동생 꼴랴는 그들이 키스하는 것을 보고 엄마에게 모든 것을 말하겠다고 위협했다. 이반은 처음에는 돈을 주었고, 그 다음에는 선물을 주었지만, 꼴랴에게는 모든 것이 충분하지 않았다. 연인들은 꼴랴가 모든 것을 말할까 두려웠다. 이반이 안나에게 청혼을 하는 그날까지 그들은 그렇게 지냈다. 청혼하는 날 그들은 꼴랴를 잡아서 그의 귀를 아프게 잡아 당겼고 사과를 받아냈다.

그들이 꼴랴의 귀를 잡아 당기는 그 순간보다 행복했던 적은 없었다.

[본문 해석]

<< Злой мальчик >>

매력적인 청년 이반 이바노비치 랍낀과 젊은 아가씨 안나 세묘노브나가 강 기슭에 도착했고 강쪽으로 내려가 벤치에 앉았다. 벤치는 크고 푸르른 나무 사이에 있었다. 이 벤치에 앉아 있으면 물고기들만 빼고 아무도 당신을 보지 못한다! 정말 좋은 장소다!

젊은이들은 낚시를 시작하였다.

- 드디어 우리 단 둘이 있게 되어 기뻐요...... - 랍낀이 말하기 시작했다. - 안나 세묘노브나, 당신에게 많은 말을 하고 싶어요...... 당신을 처음 본 순간...... 내가 살고 있는 이유를 알게 되었어요...... 나는 당신을 사랑해요......

이 때 안나 세묘노브나가 낚싯대를 올렸다. 낚싯대에 있던 작은 물고기가 땅에 떨어졌다. 이반 이바노비치는 물고기를 주우려다 우연히 안나 세묘노브나의 손을 잡았고 갑자기 손에 키스를 했다. 이 모든 일이 아주 갑작스럽게 그리고 우연히 일어났다...... 그들은 키스를 하기 시작했다. 얼마나 행복한 순간들이었는지! 젊은이들이 키스하고 있을 때 누군가가 큰 소리를 내며 웃었다. 그들은 강 쪽을 바라보았다. 물 속에 소년이 서 있었다. 그는 안나 세묘노브나의 동생, 중학생 꼴랴였다. 그는 물 속에 서서 젊은이들을 바라보면서 기분 나쁘게 웃고 있었다.

- 아아, 키스하고 있군요! - 그가 말했다. - 좋아, 엄마에게 다 말할거에요.

- 너는 착한 소년이라서...... 그 누구에게 어떤말도 하지 않을거라 믿는다.. - 랍낀이 조용히 말하며 얼굴을 붉혔다.

- 1루블만 주시면 말 안 할께요! - 꼴랴가 대답했다.

랍낀이 주머니에서 루블을 꺼내어 꼴랴에게 주었다. 꼴랴는 돈을 받은 뒤 헤엄쳐 갔다. 그들은 더 이상 키스를 하지 않았다.

다음 날에는 랍낀이 시내에 다녀오면서 꼴랴에게 물감과 공을 선물로 사다 주었다. 물론, 악한 소년은 선물을 좋아했다. 그래서, 그는 매일 선물을 받기 위해 젊은이들을 따라다니며 그들이 무엇을 하는지 지켜보았다. 랍낀과 안나 세묘노브나가 가는 길에 꼴랴도 따라갔다. 단 한번도 그들 곁을 떠나지 않았다.

6월 내내 꼴랴는 젊은 연인과 붙어다니며 선물을 요구했지만 꼴랴는 만족할 줄 몰랐다. 마침내, 그는 시계를 선물로 사달라고 했다. 랍낀이 꼴랴에게 시계를 선물하기로 약속했다. 어느날 점심시간에 꼴랴가 갑자기 큰 소리로 웃으며 랍낀에게 물었다:

- 말할까? 응?

랍낀은 겁을 먹어 얼굴이 빨개졌다. 안나 세묘노브나는 식사도 못하고 방에서 뛰쳐나갔다.

젊은이들은 랍낀이 안나 세묘노브나에게 청혼을 한 날까지 이런 어려움을 겪게 되었다. 그 날은 정말 행복한 날이었다! 신부의 부모님께 말씀을 드리고 결혼 허락을 받자 마자 랍낀은 꼴랴를 찾으러 정원에 갔다. 꼴랴를 찾아서 그의 귀를 아프도록 잡았다. 그 다음에 안나 세묘노브나가 달려 왔다. 그녀도 꼴랴를 찾고 있었다. 그녀가 동생의 다른 쪽 귀를 잡았다. 꼴랴가 울면서 그들에게 용서를 빌었다:

- 이쁘고 착한 누나, 그리고 형! 하지 마세요, 앞으로 더 이상 안 그럴께요! 아! 아! 용서해주세요!

젊은 연인은 악당 소년의 귀를 잡고 있었던 그 순간만큼 행복했던 적이 없었던 것을 깨달았다.

[어휘]
поднять 올리다 / засмеяться 웃다 / случайно 우연히 / неприятно 유쾌하지 않은 / улываться 웃다 / испугаться 들라다 / ситуация 상황 / держать 잡다

12 이야기 속의 상황과 인물들에 대한 생각을 이야기하세요.

[예시 답안]
Я думаю, многие дети шутят так же, как Коля. Конечно, нехорошо так делать, но я не думаю, что Коля злой мальчик. Наверное, когда он вырастет, он не будет так шутить. Наверное, в наше время такая ситуация невозможна, но этот рассказ был написан в начале 20-го века. Тогда влюбленные не должны были целоваться до свадьбы, поэтому они не могли допустить, чтобы Коля сказал об этом родителям. Может быть, благодаря Коле, они поженились быстрее, потому что не могли больше терпеть его шантаж.

⟨문제 4 – 유의 사항⟩
- 시험 시간은 15분입니다. (10분간 준비하고, 5분간 대답합니다.)
- 주어진 주제에 맞는 답을 준비해야 합니다.
- 준비 시간에는 사전을 이용할 수 있습니다.

문제 4. 가족의 기념일 «Праздник в Вашей семье»

[질문]
– 당신의 가족은 어떠합니까? (대가족입니까? 아니면, 소가족입니까?)
– 가족은 몇 명입니까?
– 당신의 가족은 어떤 명절을 함께 보냅니까?
– 당신은 이 명절을 어디에서 보냅니까?
– 당신은 누구를 집에 초대합니까?
– 당신의 가족은 이 명절을 어떻게 준비합니까?
– 가족 중 누가 시장에 갑니까? 요리를 누가 합니까? 청소를 누가 합니까?
– 당신이 제일 좋아하는 명절 요리는 무엇입니까?
– 어떤 것을 서로에게 선물합니까? 그 이유는 무엇입니까?
– 명절 때 무엇을 합니까?
– 가족과 함께 보내는 명절을 좋아합니까?

[예시 답안]
У нас небольшая семья, в нашей семье 4 человека – папа, мама, мой старший брат и я.

Обычно мы проводим вместе Новый год и Чхусок – корейский традиционный праздник урожая. Также мы всегда вместе справляем дни рождения всех членов семьи. Мне больше всего нравится Новый год. В Корее отмечают Новый год по лунному календарю. Обычно, если бабушка и дедушка живут отдельно, то все их дети со своими детьми собираются в их доме и проводят праздник вместе. В Новый год обычно бывает несколько выходных дней, чтобы люди могли приготовиться к празднику и съездить к родителям. Наши бабушка и дедушка живут недалеко от Сеула. Обычно мы едем к ним за день до праздника. На праздник всегда готовится много вкусной еды. Все женщины собираются на кухне и готовят целый день. Мужчины в последнее время тоже помогают. Они или готовят вместе или помогают мыть посуду и убирать дом. Новый год по лунному календарю в Корее встречают не как в России – в 12 часов ночи, а утром 1 января. Поэтому в Корее имеет большое значение встреча восхода в первое утро года. Утром все едят традиционное блюдо – ттоккук. Это суп с ттоком-рисовыми гренками, его обычно готовят на говяжьем бульоне. Съесть этот суп в новый год означает повзрослеть на год. Это мое любимое новогоднее блюдо. В новый год старшие члены семьи дарят младшим деньги и одежду, а младшие дарят старшим теплое белье, пижаму или носки. Поскольку Новый год – это зимний праздник, думаю, что теплая одежда или белье означают заботу и пожелание провести зиму без болезней. Деньги означают счастье и процветание. В праздник мы отдыхаем, играем всей семьей в традиционные игры, ходим в гости к родственникам и принимаем гостей. Мне нравятся праздники, потому что это единственное время, когда вся семья собирается вместе.

[어휘]

новый год 새해 / традиционный 전통적인 / урожай 수확 / член 구성원 / новый год по лунному календарю 설날 (음력 새해) / проводить праздник 기념일을 보내다 / иметь большое значение 큰 의미를 가지다 / старшие члены семьи (가족 중) 손 윗 사람들 / младшие члены семьи (가족중) 아랫 사람들

[해석]

우리 가족은 많지 않습니다. 아빠, 엄마, 형과 저, 모두 4명입니다. 우리 가족은 보통 설날과 추석(한국의 전통적인 추수감사절)을 함께 보냅니다. 또한, 가족들의 생일도 함께 보냅니다. 저는 명절 중에 설날을 제일 좋아합니다. 한국에서는 설날을 음력으로 맞이합니다. 보통 할머니와 할아버지가 자식들과 함께 살지 않으면, 설날 때 모든 자식들과 손주들이 부모님 댁을 찾아가서 명절을 함께 보냅니다. 명절 준비를 하고 부모님 댁에 다녀올 수 있도록, 설날 때는 보통 며칠 간의 연휴가 있습니다. 우리 할아버지와 할머니는 서울에서 가까운 곳에 삽니다. 저희는 보통 설날 전날에 할아버지 댁에 갑니다. 명절 때는 항상 맛있는 음식을 많이 만듭니다. 모든 여자들이 주방에 모여서 하루 종일 음식을 만듭니다. 최근에는 남자들도 (명절 준비를) 돕습니다. 남자들은 요리를 같이 하거나, 설거지를 하거나, 청소를 합니다. 음력 설날은 러시아의 새해처럼 자정에 맞이하는 것이 아니라 음력 1월 1일 아침에 맞이합니다. 그래서 한국에서는 첫날 아침에 일출을 맞이하는 것이 큰 의미가 있습니다. 설날 아침에는 모두 한국의 전통 요리인 떡국을 먹습니다. 떡국은 보통 소고기 국물과 떡으로 만듭니다. 떡국을 먹는다는 것은 나이를 한살 더 먹는 것을 의미합니다. 떡국은 제가 제일 좋아하는 설날 요리입니다. 설날에 어른들은 아랫사람들에게 옷과 돈을 선물 하고, 아랫사람들은 어른들께 내복, 잠옷이나 양말을 선물해 드립니다. 설날이 겨울 명절이기 때문에 따뜻한 옷과 속옷은 건강하게 겨울을 보내시라는 기원과 배려를 의미하는 것 같습니다. 돈은 복과 번영의 의미가 있습니다. 명절 때 우리는 쉬며, 가족이 함께 전통 놀이를 하고, 또 친척집에 놀러가거나 손님을 맞이합니다. 저는 명절을 좋아합니다. 왜냐하면 명절은 우리 가족이 다 같이 모일 수 있는 유일한 시간이기 때문입니다.

Типовые тесты по русскому языку как иностранному • ТБУ

МАТРИЦЫ

Субтест 1. ЛЕКСИКА. ГРАММАТИКА

РАБОЧИЕ МАТРИЦЫ

Имя, фамилия_____   Страна_____ Дата_____

Часть I	1	А	Б	В	Г
	2	А	Б	В	Г
	3	А	Б	В	Г
	4	А	Б	В	Г
	5	А	Б	В	Г
	6	А	Б	В	Г
	7	А	Б	В	Г
	8	А	Б	В	Г
	9	А	Б	В	Г
	10	А	Б	В	Г
	11	А	Б	В	Г
	12	А	Б	В	Г
	13	А	Б	В	Г
	14	А	Б	В	Г
	15	А	Б	В	Г
	16	А	Б	В	Г
	17	А	Б	В	Г
	18	А	Б	В	Г
	19	А	Б	В	Г
	20	А	Б	В	Г
	21	А	Б	В	Г
	22	А	Б	В	Г
	23	А	Б	В	Г

Часть II	24	А	Б	В	Г
	25	А	Б	В	Г
	26	А	Б	В	Г
	27	А	Б	В	Г
	28	А	Б	В	Г
	29	А	Б	В	Г
Часть III	30	А	Б	В	Г
	31	А	Б	В	Г
	32	А	Б	В	Г
	33	А	Б	В	Г
	34	А	Б	В	Г
	35	А	Б	В	Г
	36	А	Б	В	Г
	37	А	Б	В	Г
	38	А	Б	В	Г
	39	А	Б	В	Г
	40	А	Б	В	Г
	41	А	Б	В	Г
	42	А	Б	В	Г
	43	А	Б	В	Г
	44	А	Б	В	Г
	45	А	Б	В	Г
	46	А	Б	В	Г

답안지

Типовые тесты по русскому языку как иностранному • ТБУ

	47	А	Б	В	Г
	48	А	Б	В	Г
	49	А	Б	В	Г
	50	А	Б	В	Г
	51	А	Б	В	Г
	52	А	Б	В	Г
	53	А	Б	В	Г
	54	А	Б	В	Г
	55	А	Б	В	Г
	56	А	Б	В	Г
	57	А	Б	В	Г
	58	А	Б	В	Г
	59	А	Б	В	Г
Часть IV	60	А	Б	В	Г
	61	А	Б	В	Г
	62	А	Б	В	Г
	63	А	Б	В	Г
	64	А	Б	В	Г
	65	А	Б	В	Г
	66	А	Б	В	Г
	67	А	Б	В	Г
	68	А	Б	В	Г
	69	А	Б	В	Г
	70	А	Б	В	Г
	71	А	Б	В	Г
	72	А	Б	В	Г
	73	А	Б	В	Г

	74	А	Б	В	Г
	75	А	Б	В	Г
	76	А	Б	В	Г
	77	А	Б	В	Г
	78	А	Б	В	Г
	79	А	Б	В	Г
	80	А	Б	В	Г
	81	А	Б	В	Г
	82	А	Б	В	Г
	83	А	Б	В	Г
	84	А	Б	В	Г
Часть V	85	А	Б	В	Г
	86	А	Б	В	Г
	87	А	Б	В	Г
	88	А	Б	В	Г
	89	А	Б	В	Г
	90	А	Б	В	Г
	91	А	Б	В	Г
	92	А	Б	В	Г
	93	А	Б	В	Г
	94	А	Б	В	Г
	95	А	Б	В	Г
	96	А	Б	В	Г
	97	А	Б	В	Г
	98	А	Б	В	Г
	99	А	Б	В	Г
	100	А	Б	В	Г

Субтест 2. АУДИРОВАНИЕ

РАБОЧИЕ МАТРИЦЫ

Имя, фамилия_____ Страна_____ Дата _____

Часть I	1	А	Б	В	Г
	2	А	Б	В	Г
	3	А	Б	В	Г
	4	А	Б	В	Г
	5	А	Б	В	Г
Часть II	6	А	Б	В	Г
	7	А	Б	В	Г
	8	А	Б	В	Г
	9	А	Б	В	Г
	10	А	Б	В	Г
Часть III	11	А	Б	В	Г
	12	А	Б	В	Г
	13	А	Б	В	Г
	14	А	Б	В	Г
	15	А	Б	В	Г

Часть IV

Андрей позвонил (кому?)	*Ирине*
16. Вечер будет (когда?)	
17. Вечер будет (где?)	
18. Начало вечера (когда?)	
19. Андрей будет ждать Ирину (когда?)	
20. Андрей придет на вечер (с кем?)	
21. Его брат приехал (откуда?)	
22. Андрей просит Ирину пригласить (кого?)	
23. Телефон Андрея	

Часть V

Вы позвонили	*в приёмную комиссию*
24. Вы позвонили в университет (какой?)	
25. Вы позвонили на факультет (какой?)	
26. Вы должны принести	
27. Приемная комиссия не работает только	
28. Часы работы приемной комиссии	*с ... до ...*
29. Факультет находится на (каком?) этаже	
30. Телефон факультета	

Типовые тесты по русскому языку как иностранному • ТБУ

Субтест 3. ЧТЕНИЕ

РАБОЧАЯ МАТРИЦА

Имя, фамилия_____   Страна_____ Дата _____

Часть I	1	А	Б	В
	2	А	Б	В
	3	А	Б	В
	4	А	Б	В
	5	А	Б	В
Часть II	6	А	Б	В
	7	А	Б	В
	8	А	Б	В
	9	А	Б	В
	10	А	Б	В
Часть III	11	А	Б	В
	12	А	Б	В
	13	А	Б	В
	14	А	Б	В
	15	А	Б	В
	16	А	Б	В
	17	А	Б	В
	18	А	Б	В
	19	А	Б	В
	20	А	Б	В

	21	А	Б	В
	22	А	Б	В
	23	А	Б	В
	24	А	Б	В
	25	А	Б	В
Часть IV	26	А	Б	В
	27	А	Б	В
	28	А	Б	В
	29	А	Б	В
	30	А	Б	В
	31	А	Б	В
	32	А	Б	В
	33	А	Б	В
	34	А	Б	В
	35	А	Б	В
	36	А	Б	В
	37	А	Б	В
	38	А	Б	В
	39	А	Б	В
	40	А	Б	В

러시아어 단계별 종합 교재 시리즈

러시아로 가는 길 시리즈 (청취 CD별매)
단계별 시리즈: 글자배움터, 1단계, 2단계, 3단계

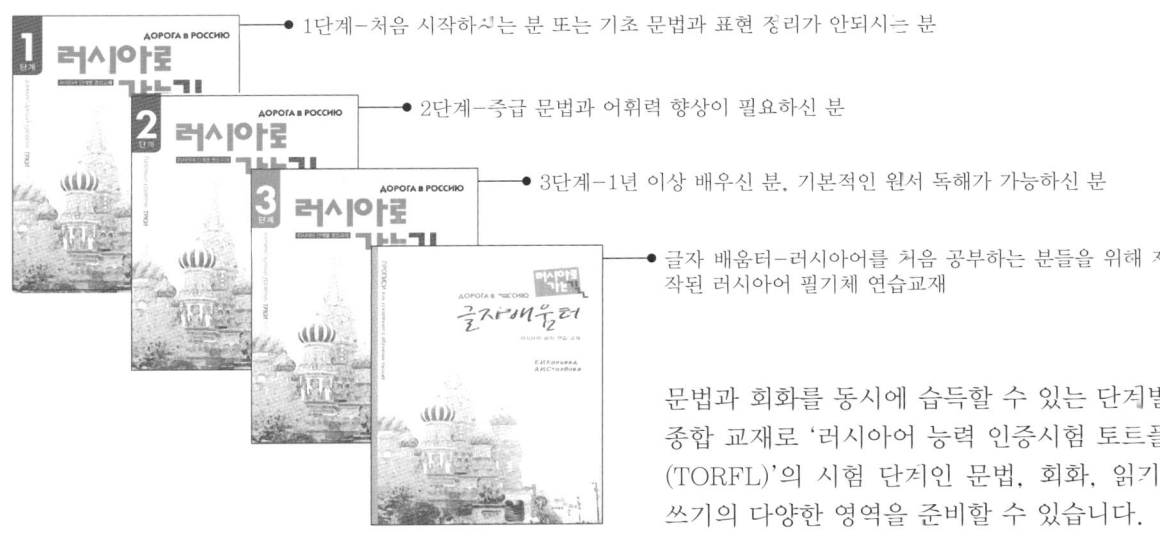

- 1단계 – 처음 시작하시는 분 또는 기초 문법과 표현 정리가 안되시는 분
- 2단계 – 중급 문법과 어휘력 향상이 필요하신 분
- 3단계 – 1년 이상 배우신 분, 기본적인 원서 독해가 가능하신 분
- 글자 배움터 – 러시아어를 처음 공부하는 분들을 위해 제작된 러시아어 필기체 연습교재

문법과 회화를 동시에 습득할 수 있는 단계별 종합 교재로 '러시아어 능력 인증시험 토르플(TORFL)'의 시험 단계인 문법, 회화, 읽기, 쓰기의 다양한 영역을 준비할 수 있습니다.

러시아어 인텐시브 회화 시리즈 (청취 CD포함)
단계별 시리즈: 1단계, 2단계, 3단계, 4단계

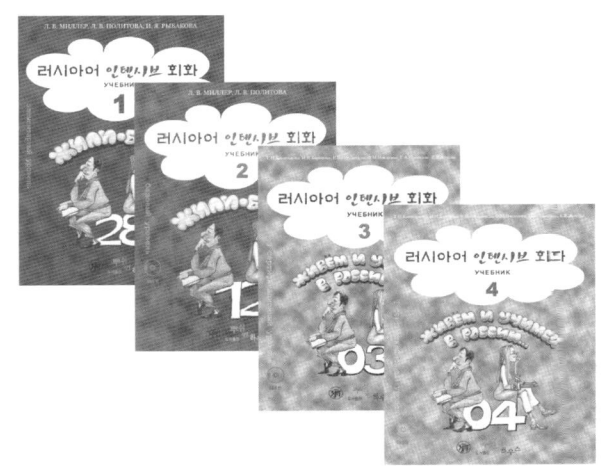

단계별로 구성되어 있는 회화 교재를 통해 다양한 표현들을 익혀 창조적인 의사소통이 가능하도록 도와줍니다. 다양한 주제와 문화에 관한 텍스트를 통해 러시아 문화에 대한 이해의 폭을 넓히고, 동시에 실생활에서 사용되는 러시아어의 여러 문제를 익힐 수 있습니다.

워크북
1단계, 2단계 워크북

스스로 학습할 수 있는 연습 문제로 구성되어 있어 초중급 문법을 익히기 위한 자율 학습 교재로도 사용이 가능합니다.

러시아 교육문화센터
뿌쉬낀하우스

교육센터 / 문화센터 / 출판센터
Tel. 02)2237-9387 Fax. 02)2238-9388
http://www.pushkinhouse.co.kr